東坡尺牘

[宋]蘇軾

著

孫善春

校注

中國美術學院出版社
CHINA ACADEMY OF ART PRESS

出版说明

　　《东坡尺牍》是宋朝苏轼的书信集。尺牍指书信，是古称：尺，是形制，长约一尺；牍，是材质，写在木片上。但也可以是竹片，又可以混称为"木简"；写在织物上，就是"尺素"；后来写在纸上，就叫"信笺"了，虽然"笺"字还是与竹木分不开，因为还可以写成"牋"。当然，纸，顾形思义，也是从织物造出来的。《说文》："著于竹帛谓之书。"

　　东坡文名满天下，书法又杰出，书信自然为世宝重；据称南宋时即出现其书信选集，名"翰墨尺牍"，重视的是书法艺术。从书信内容来说，大致是侧重日常事务，非关大局，所以宜入别集；因为"牍"，也是可指公文的。后人多称东坡此种文字为"尺牍"，或非希古，而是更重视这个"尺"的尺寸，说细事，话家常。东坡的魅力，明朝人以为"小品"模范，或正在此。

　　东坡好书字，在当时是有名的；虽遭禁毁，留存仍不少。今人统计，共约 1300 余首。本书呈献的，只是一小部分，正是管中窥豹的意思，因为用的底本，是 1939 年龙榆生选编的《苏黄尺牍》，并参考了现在常见的多种整理版本与研究。

　　但龙榆生版本的编排有个明显问题：不分时间，不分通信人物，只是简单分成密州、黄州、惠州直到北归几个人生阶段，令读者无法不觉其混乱。鉴于此，本书略做调整，以通信人为序安排全书；至于每个通信人部分每封信的时间，限于史料与研究实际，亦不能做到时间的严格。为满足更多文化读者的需要，本书对一些非常用字做了通用处理。不足之处，敬请指正。

2022 年 12 月 13 日

目录

（按通信人称谓首字拼音排列，如"鲁直"为黄庭坚）

致宝月大师（一通）

答宝月大师

　　屡蒙寄纸，一一愧荷[1]。附马都尉王晋卿[2]画山水寒林，冠绝一时，非画工能仿佛。得一古松帐子奉寄，非吾兄别识，不寄去也。幸秘藏之！亦使蜀中工者见长意思也。他甚珍惜，不妄与人。

致宝觉禅师（一通）

答金山[3]宝觉禅师　密州

　　去岁赴官，迫于程限，不能枉舟一别。中流纵望，云山杳然，有不可及之叹！既渡江，遂蒙轻舟见饯，复得笑语一饷之乐，暂荷之怀，殆不可胜言。别来，因循未及奉书。专人至，辱教累幅，慰喻反复。读之爽然，如对妙论。仍审比来法履佳胜。某此粗遣，但未有会见之期。临纸惘然，惟万万自重！《至游堂记》即当下笔，递中寄去。近有《后杞菊[4]赋》一首，写寄，以当一笑。

1 愧荷：感恩愧对别人的厚意；书信礼貌用语。

2 王诜，字晋卿，娶宋英宗之女大长公主，为驸马都尉；东坡好友。

3 金山：在镇江城外，上有金山寺。

4 杞菊，qǐjú，枸杞与菊花，可为药食。

致参寥（子）（四通）

答参寥[5]　徐州

别来思企[6]不可言，每至逍遥堂，未尝不怅然也！为书勤勤不忘如此！仍审比来法体康佳，感服兼至！三诗皆清妙，读之不释手，且和一篇为答。所要真赞，尚未作，来人又不敢久留，甚愧！甚愧！知且伴太虚为汤泉之游，甚善！甚善！某开春乞江浙一郡，候见去处，当以书奉约也。要墨，纳两笏，皆佳品也。余惟为法自重！适有数客远来相看，陪接少暇，奉启不尽意。

5 僧人道潜，又称参寥子，能诗，东坡友人。

6 思企：思念盼望。

答参寥

两得手书，具审法体佳胜。辩才[7]遂化[8]去，虽来去本无，而情钟我辈[9]，不免凄怆也！今有奠文一首，并银二两，托为致茶果一奠之。颖师得书，且喜进道。纸尾待得闲写去。余惟万万自重！

7 辩才：杭州名僧；东坡好友。

8 化：佛家称死去为化。

9 情钟我辈：用晋朝名士王戎故事；出自南朝宋·刘义庆《世说新语·伤逝》："圣人忘情，最下不及情，情之所钟，正在吾辈"。

答参寥　惠州

专人远来，辱手书，并示近诗，如获一笑之乐，数日喜慰忘味也！某到贬所半年，凡百粗遣，更不能细说，大略只似灵隐、天竺和尚退院[10]后，却住一个小村院子，折足铛[11]中罨[12]糙米饭吃，便过一生也得。其余瘴疠病人，北方何尝不病？是病皆死得人，何必瘴气？但苦无医药；京师国医手里，死汉尤多。参寥闻此一笑，当不复忧我也。故人相知者，即以此语之，余人不足与道也。未会合间，千万为道善爱自重。

又　惠州

颖沙弥[13]书迹巉耸可畏，他日真妙总门下龙象也！老夫不复止以诗句字画期之矣。老师年纪不少，尚留情诗句字画间，为儿戏事耶？然此回示诗超然，真游戏三昧[14]也。居闲，不免时时弄笔。见索书字要楷法，辄作数篇，终不甚楷也。只一读了，付颖师收，勿示余人也。《雪浪斋诗》尤奇伟，感激感激！转海相访，一段奇事，但闻海舶遇风，如在高山上坠深谷中，非愚无知与至人¹⁵，皆不可处。胥靡¹⁶遗生，恐吾辈不可学。若是至人无一事，冒此崄做什么？千万勿萌此念。意颖师喜于得预乘桴之游¹⁷耳。所谓无所取裁者，其言不可听，切切！相知之深，不可不尽道其实耳。自揣余生，必须相见，公但记此言，非妄语也。

15 至人：修养高深之人。《庄子》："至人无己。"

16 胥靡：服劳役的奴隶或犯人；亦指刑罚中之腐刑。

17 乘桴之游：乘坐竹木小筏，远离尘世。语出《论语》："子曰：道不行，乘桴浮于海，从我者其由与？"

致陈传道（二通）

与陈传道　京师

某启：久不接奉，思仰不可言！辱专人以书为贶，礼意兼重，捧领惕然¹⁸。且审比来起居佳胜。某以衰病，难于供职，故坚乞一闲郡，不谓更得烦剧¹⁹。然已得请，不敢更有所择，但有废旷不治之忧耳。而来书乃有遇不遇之说，甚非所以安全不肖也。某凡百无取，入为侍从²⁰，出为方面²¹，此而不遇，复以何者为遇乎？来使立告回，区区百不尽一。乍远，千万自爱！

18 惕然：恐惧。

19 烦剧：事务繁重。

20 侍从：文学侍从。

21 方面：为官做事，承担责任，独当一面。

又

久不上问，愧负深矣！忽枉手讯，劳来[22]勤甚，夙昔[23]之好，不替[24]有加。兼审比来起居佳胜，感慰兼集。新旧诸诗，幸得敬览，不意余生复见斯作！古人日远，俗学衰陋，作者风气，犹存君家伯仲间。近见报，履常作正字[25]，伯仲介特之操，处险益励，时流孰知之者？用是卜之，知公议少伸耶？传道岂久笕库[26]者？未由面谈，惟冀厚自爱重而已！

22 劳来：慰问来人。

23 夙昔：平素、向来。

24 不替：不衰。

25 正字：官名。北齐始置，主管校刊典籍文章。

26 笕库：管理仓库。

致陈季常（五通）

答陈季常　黄州

别后凡四辱书，一一领厚意。具审起居佳胜为慰。又惠新词，句句警拔[27]，诗人之雄，非小词也。但豪放太过，恐造物者不容人如此快活，一枕无碍睡，辄亦得之耳。公无多奈我何，呵呵！所要谢章寄去。闻车马早晚北来，恐此书到日，已在道矣。故不覶缕[28]。

27 警拔：聪敏超俗。

28 覶缕，luólǚ，弯弯曲曲；这里意为详述指事情原委。

与陈季常²⁹　黄州

近因往螺师店³⁰看田，既至境上，潘尉与庞医来相会。因视臂肿，云非风气，乃药食毒也。非针去之，恐作疮乃已。遂相率往麻桥庞家，住数日，针疗。寻如其言，得愈矣。归家，领所惠书及药，并荷忧爱之深至。仍审比来起居佳安。曾青老翁须《传灯录》³¹，皆已领，一一感佩。《五代史》³²亦收得。所看田乃不甚佳，且罢之。蕲水溪山，乃尔秀邃耶？庞医熟接之，乃奇士。知新近撰《本草尔雅》，谓一物而多名也。见刘颂具说，深欲走观。近得公择书云，四月中乃到此。想季常亦未遽北行，当与之偕往耳。非久，太守处借人遣赍家传去，别细奉书。

29 陈慥，字季常，东坡好友，在黄州交往尤多。东坡为之作《方山子传》等传世。

30 螺师店，黄州地名。

31《传灯录》：禅宗名著，释道原编撰。

32《五代史》：有新旧之分；旧为薛居正作，新者为欧阳修著。

又　黄州

王家人力来，及专人，并获二缄，及承雄编赞咏。异梦证成仙果，甚喜幸也！某虽窃食灵芝，而君为国铸造，药力纵在君前，阴功必在君后也。呵呵！但累书听流言以诬平人，不

33 悬弧：男子出生时之古礼。悬弧之日指生日。

34 临皋亭：在黄州，东坡曾居处。

35 承天寺，东坡作《记承天寺夜游》名世。

得无所损也。悬弧[33]之日，请一书示谕，当作贺诗，切祝！切祝！比日起居佳否？何日决可一游郡城？企望日深矣！临皋[34]虽有一室可憩从者，但西日可畏。承天[35]极相近，或门前一大舸亦可居，到后相度。未间，万万以时自重！

又　黄州

36 张守节作《史记正义》。

37 瓮中春酒。

欲借《易》家文字及《史记索隐》《正义》[36]。如许，告季常为带来。季常未尝为王公屈，今乃特欲为我入州，州中士大夫闻之耸然，使不肖增重矣！不知果能命驾否？春瓮[37]但不惜，不须更为恨也。

又 黄州

郑巡检到，领手诲。具审到家尊履康胜，羁孤结恋之怀，至今未平也。数日前，率然与道源过江，游寒溪西山，奇胜殆过于所闻。独以坐无狂先生，为深憾耳！呵呵！示谕武昌[38]田，曲尽利害，非老成人，吾岂得闻此？送还人诸物已领。《易》义须更半年功夫练之，乃可出。想秋末相见，必得拜呈也。近得李长吉[39]二诗，录去，幸秘[40]之！目疾必已差，茂木清阴，自可愈此。余惟万万顺时自重！

38 武昌：今湖北鄂城，非现在武昌。

39 唐朝名诗人李贺，字长吉。

40 秘：珍藏，不公开。

致陈章（一通）

答濠州[41]陈章朝请[42] 黄州

钱塘一别，如梦中事。尔后契阔，何所不有，置之不足道也！独中间述古[43]捐馆[44]，有识相吊，矧故人僚吏相爱之深者，然终无一字以解左右，盖罪废穷奇，动辄累人，故往还杜绝。至今思之，惭负无量！昨远辱书问，便欲裁谢，而春夏以来，卧病几百日，今尚苦目病。

41 濠州：安徽凤阳。

42 朝请：奉朝请，官名；本义为入朝见皇帝。

43 陈襄，字述古，福州人，东坡友，曾出任杭州。

44 捐馆：人死；本义为离弃馆舍。古人以人生为行旅，故以此说。

再枉手教，喜知尊体康胜，贵眷各佳安。罪废屏居，交游皆断绝，纵复通问，不过相劳愍而已，孰能如公远发药石以振吾过者哉？已往者布出不可复掩矣，期于不复作而已。无缘一见，临纸耿耿，万万以时自重！

致蔡景繁（八通）

与蔡景繁[45] 黄州

近奉书，想必达。比日不审履兹隆暑，尊体何如？某卧病半年，终未清快。近复以风毒攻右目，几至失明，信是罪重责轻，召灾未已。杜门僧斋，百想灰灭，登览游从之适，一切罢矣！知爱之深，辄以布闻。何日少获瞻望前尘？惟万万为时自重！

45 蔡延禧，字景繁，临川人。

又　黄州

前日亲见许少张暴卒，数日间，又闻董义夫化去。人命脆促，真在呼吸间耶！益令人厌薄世故也。少张徒步奔丧，死之日，囊橐罄然，殆无以敛。其弟麻城令尤贫，云无寸垅[46]可归，想公闻之凄恻也。料朝廷亦怜之。如公言重，可为一言否？辄此僭言[47]，不深谴否？

46 寸地。

47 僭言：不顾身份，大胆妄言。

又　黄州

特承惠寄奇篇，伏读惊耸。李白自言"名章俊语，络绎间起"，正如此耳！谨已和一首，并藏笥中，为不肖光宠，异日当奉呈也。坐废已来，不惟人嫌，私亦自鄙。不谓公顾待如此，当何以为报？冬至后，便杜门谢客，斋居小室，气味深美。坐念公行役之劳，以增永叹。春间行部[48]若果至此，当有少要事面闻。近见一僧甚异，其所得深远矣。非书所能一一。

48 行部：官员巡视属地。

又 黄州

承爱女微疾，今必已全安矣。某病咳逾月不已，虽无可忧之状，而无憀甚矣！临皋南畔，竟添却屋三间，极虚敞便夏，蒙赐不浅！胊山[49]临海石室，信如所谕。前某尝携家一游，时家有胡琴婢，就室中作《濩索凉州》[50]，凛然有兵车铁马之声。婢去久矣！因公复起一念，果若游此，当有新篇。果尔者，亦当破戒奉和也。呵呵！

49 胊山：江苏东海。

50《濩索凉州》，古琵琶曲名。

又 黄州

近专人还，奉状必达。忽复中夏，永日杜门，无如思渴仰荷！不审履兹薄热，起居何似？向虽画扇，比已绝笔。昨日忽饮数酌，醉甚，正如公传舍[51]中见饮时状也。不觉书画十扇皆遍，笔迹粗略，大不佳，真坏却也！适会人便，寄去为一笑耳！

51 传舍：旅舍。传，zhuàn。

又 黄州

黄陂[52]令李吁到未几[53]，其声蔼然，与之语，格韵殊高。比来所见，纵小有才，多俗吏。侪辈如此人殆难得。公好人物，故辄不自外耳。近葺小屋，强名南堂，暑月少纾。蒙德殊厚，小诗五绝，乞不示人。

52 湖北黄陂。陂，pí。

53 未几：不久。

又 黄州

辱书，伏承尊体佳胜。惊闻爱女遽弃左右，切惟悲悼之切，痛割难堪，奈何奈何！情爱着人，如黐胶[54]油腻，急手解雪，尚为沾染，若又反复寻绎，更缠绕人矣。区区愿公深照，一付维摩[55]、庄周[56]，令处置为佳也。劣弟久病，终未甚清快，或传已物故，故人皆有书惊问，真尔犹不恤，况谩传[57]耶？无由面谈，为耿耿耳！何时当复迎谒？未间，惟万万为国自重！

54 黐胶：木胶；黐，chī。

55 维摩：维摩诘，佛教所称大智慧之士。

56 庄子。

57 谣传。

又　黄州

近来颇佳健。一病半年，无所不有，今又一时失去，无分毫在者。足明忧喜浮幻，举非真实，因此颇知卫生[58]之经，平日妄念杂好，扫地尽矣。公比来诸况何如？划刷之来，不少劳乎？思渴之至，非笔墨所能尽也。

58 卫生：养生。

致曹司勋（子方）（二通）

与广西宪曹司勋　惠州

某启：专人至，赐教累幅，慰附周至。且审比来起居佳胜，感慰兼至！某得罪几二年矣，愚陋贪生，辄缘圣主宽贷之慈，灰心槁形[59]，以尽天年，即目殊健也。公别后，闻微疾尽去，想今益康佳。养生亦无他术，安寝无念，神气自复。知吕公读《华严》有得，固所望于斯人也。居闲偶念一事，非吾子方莫可告者。故崇仪陈侯[60]，忠勇绝世，死非其罪。庙食[61]西路，威灵肃然，愿公与程之邵议之。或同一削[62]，乞载祀典，使此侯英魄，少信眉[63]于地中。如

59 心如死灰，形容枯槁。

60 崇仪陈侯：崇仪，崇仪使，官名；陈侯，陈曙，高邮人。

61 庙食：死后立庙，受人奉祀，享受祭飨。

62 削：竹本简，作文上书。

63 信眉：扬眉吐气。信，通"伸"。

何如何？然慎勿令人知不肖有言也。陈侯有一子在高邮[64]，白首，颇有立，知之。蒙惠奇茗、丹砂、乌药，敬饵之矣。西路洞丁[65]，足制交[66]人，而近岁绥驭[67]少方，殆不可用，愿为朝廷熟讲之。此外惟万万自重。

64 江苏高邮。

65 居于洞穴中的土人；此处指苗人。

66 交：交趾，又名"交阯"，中国古地名，今越南北部红河流域。

67 绥驭：安抚统驭。

又 惠州

公劝某不作诗，又却索近作。闲中习气，不免有一二，然未尝传出也。今录三首奉呈，看毕便毁之，切祝千万！惠州风土差厚，山水秀邃，食物粗有，但少药耳。近报有"永不叙复"[68]旨挥[69]，正坐稳处，亦且任运也。子由频得书，甚安。某惟少子随侍，余皆在宜兴。见今全是一行脚僧[70]，但喫些酒肉耳。此书此诗，只可令之邵一阅，余人勿示也。

68 永不复官任用。

69 旨挥：旨意，上命。

70 行脚僧：云游僧人。

致晁叔美（一通）

答晁叔美　徐州

向承出按淮甸[71]，不即具贺幅者，以吾兄素性亮直，而此职多有可愧者，计非所乐耳。然仁者于此时力行宽大之政，少纾吏民于网罗中，亦所益不小。此中常赋之外，征敛杂出，而盐禁繁密，急于兵火，民既无告[72]，吏亦仅且免罪，益苟简矣！向闻吾兄议论，颇与时辈不合；今兹躬履其事，必有可观者矣。令兄佳士久淹，诸君亦自知之。

致晁元修（二通）

与巢元修[73]　黄州

日日望归，今日得文甫书，乃云昨日始与君瑞成行。东坡荒废，春笋渐老，饼餤[74]已入末限，闻此当俟驾耶？老兄别后想健。某五七日来，苦壅嗽殊甚，饮食语言殆废，矧有乐事？今日渐佳。近牢城[75]失火，烧荡十九，雪堂亦危，潘家皆奔避，堂中飞焰已燎檐矣！幸而先生两瓢无恙，四柏亦吐芽矣。

71 淮甸：淮河流域。

72 无告：求告无门。

73 巢谷，字元修，眉山人，东坡友人。

74 饼餤：宋时一种发面制作的饼类。餤，dàn。

75 牢城：黄州地名。

与程德孺[76] 南迁

在定辱书，未裁答问，仓卒南来，遂以至今。比日切惟起居佳胜。老兄罪大责薄，未塞公议，再有此命，兄弟俱窜，家属流离，污辱亲旧。然业已如此，但随缘委命而已！任德翁同行月余，具见老兄处忧患次第[77]，可具问，更不详书也。懿叔赴阙[78]，今何在？因书道区区。后会无期，临书惘惘！余热，万万以时珍重！

76 程德孺，名之元，程正辅之弟，东坡表弟。

77 次第：顺序，情况。

78 赴阙：入朝为官。阙，皇宫。

致程天侔（八通）

与程天侔[79] 惠州

白鹤峰新居成，当从天侔求数色果木，太大则难活，太小则老人不能待，当酌中者。又须土碪稍大不伤根者为佳。不罪！不罪！

79 程天侔，字全父，在当时广东路罗阳郡任职。

答程天侔　儋耳[80]

去岁僧舍屡会，当时岂知为乐？今者海外无复梦见！聚散忧乐，如反复手，幸而此身尚健。得来讯，喜侍奉清安。知有爱子之戚，襁褓[81]泡幻[82]，不须深留恋也。仆离惠州后，大儿子房下亦失一男孙，悲怆久之，今则已矣。此间食无肉，病无药，居无室，出无友，冬无炭，夏无寒泉，然亦未易悉数，大率皆无尔！惟有一幸，无甚瘴也。近与儿子结茅屋数椽居之，仅庇风雨，然劳费已不赀矣！赖十数学生助工作，躬泥水之役，愧之不可言也！尚有此身，付与造物者，听其运转，流行坎止[83]，无不可者。故人知之，免忧。夏热，万万自爱！

又

近得子野书，甚安。陆道士竟以疾不起，葬于河源矣！前会岂非一梦耶？仆既病倦不出，然亦无与往还者，阖门面壁而已！新居在军城南，极湫隘[84]，粗有竹树，烟雨蒙晦[85]，真蜒坞獠洞[86]也。惠酒绝佳。旧在惠州以梅

80 儋耳：古代儋州俗名，今海南儋县；原为海南岛上古部族名。儋，dān。

81 襁褓，小儿衣被。代指婴儿。

82 泡幻：水泡幻象，指不真实之物。《金刚经》："如露亦如电，如梦幻泡影。"

83 乘流则行，遇坎而止；喻据环境逆顺确定进退行止。出贾谊《鵩鸟赋》："乘流则逝兮，得坎则止。"

84 湫隘，jiǎoài，低洼狭小。

85 烟雨迷蒙晦暗。

86 蜒坞獠洞：蜒族、獠族等土著蛮人所居之处。

酝[87]为冠,此又远过之。牢落[88]中得一醉之适,非小补也。

87 梅子酒。

88 牢落:荒芜规范,寂寞愁苦。

答程全父[89] 推官[90] 儋耳

别遽逾年,海外穷独,人事断绝,莫由通问。舶到,忽枉教音,喜慰不可言!仍审起居清安,眷爱各佳。某与儿子初无病,但黎、蜑[91]杂居,无复人理,资养所急,求辄无有。初至,僦[92]官屋数椽,近复遭迫逐,不免买地结茅,仅免露处,而囊为一空。困厄之中,何所不有,置之不足道,聊为一笑而已!平生交旧,岂复梦见?怀想清游,时诵佳句,以解牢落。

89 程天侔。

90 推官:官名,多主管讼狱之事。

91 黎、蜑:黎族、蜑族,皆海南土人;黎人居山,蜑人居水上舟中。

92 僦,jiù,租赁。

又 儋耳

阁下才气秀发,当为时用久矣,遐荒[93]安可淹驻?想益辅以学,以昌其诗乎!仆焚毁笔砚已五年,尚寄味此学,随行有《陶渊明集》,陶写伊郁,正赖此耳!有新作,递中示数篇,

93 遐荒:偏远蛮荒之地。

94 瓿, bù, 小瓮, 圆口、深腹、圈足的容器, 青铜或陶制作, 用以盛酒水或酱菜等物覆瓿, 俗称盖酱缸; 此处指纸张劣质, 连盖酱缸都不行, 何况书写。

乃珍惠也。山川风气, 能清佳否？孰与惠州比？此间海气蒸溽, 不可言, 引领素秋, 以日为岁也! 寄贶佳酒, 岂惟海南所无, 殆二广未尝见也。副以糖水、精面等, 一一感铭, 非眷存至厚, 何以得此？悚怍之至。此间纸不堪覆瓿[94], 来者已竭。有便, 可寄百十枚否？不必甚佳者。

又 儋耳

便舟来, 辱书问讯既厚矣, 又惠近诗一轴, 为赐尤重。流转海外, 如逃深谷, 既无与晤语者, 又书籍举无有, 惟陶渊明一集、柳子厚诗文数册常置左右, 目为二友。今又辱来贶, 清深温丽, 与陶、柳真为三矣。此道比来几熄, 海北亦岂有语此者耶？新春, 伏想起居佳胜。某与儿子亦粗遣, 穷困日甚, 亲友皆疏绝矣! 公独收恤如旧, 此古人所难也。感怍不可言, 惟万万以时自爱!

又　僮耳

儿子比抄得《唐书》一部，又借得《前汉》[95]欲抄。若了此二书，便是穷儿暴富也。呵呵！老拙亦欲为此，而目昏心疲，不能自苦，故乐以此告壮者尔。纸、茗佳惠，感怍感怍！丈丈惠药、米、酱、姜、盐、糖等，皆已拜赐矣。江君先辈辱书，深欲裁谢[96]，连写数书，倦甚，且为多谢不敏也。

95 即《汉书》，汉班固撰。谓"前汉"，是区别于范晔的《后汉书》。

96 裁谢：作书致谢。

又　僮耳

久不得毗陵[97]信，如闻浙中去岁不甚熟，曾得家信否？彼土出药否？有易致者，不拘名物，为寄少许。此间举无有，得者即为希奇也。间或有粗药，以授病者，入口如神，盖未尝识耳。

97 毗陵：江苏常州。

致程彝仲（二通）

答程彝仲[98]　密州

　　得圣此行，得失必且西归，计无缘过我。而东武[99]任满，当在来岁冬杪，亦无缘及见于京师矣。比任满日，舍弟亦解罢，当求乡里一任，与之西还。近制既得连任蜀中，遂可归老，守死坟墓也。心貌衰老，不复往日，惟念斗酒只鸡，与亲旧相从耳。星桥别业，比来更增葺否？因便无惜一两字。

答程彝仲推官　黄州

　　某与幼累皆安。子由频得书，无恙。元修去已久矣，今必还家。所要亭记，岂敢于吾兄有所惜？但多难畏人，不复作文字，惟时作僧佛语耳！千万体察，非推辞也。远书不欲尽言。所示自是一篇高文，大似把饭叫饥，聊发千里一笑。会合无期，临书凄然。

致程懿叔（十通）

与程懿叔[100]

　　承拜命，移漕[101]巴峡[102]，薄慰众望。方欲奉书，使至，辱教字，且审起居清胜。懿叔才地治状，当召还清近，此何足道？得一省坟墓，仍见亲知，为可贺耳！衰病疲厌，何时北趋归路？仰羡而已！知在江上，咫尺莫缘一见，临纸惘惘[103]！

100 程之邵，字懿叔，宋眉州眉山人，东坡表弟。

101 移漕：移任漕官，监督运粮。

102 巴峡：长江峡谷，在湖北巴东县西。

103 惘惘：惆怅不已。

与程正辅[104] 提刑[105] 惠州

　　窜逐海上，诸况可知。闻老兄来，颇有佳思。昔人以三十年为一世，今吾老兄弟，不相从四十二年矣，念此，令人凄断。不知兄果能为弟一来否？然亦有少拜闻，某获谴至重，自到此旬日，便杜门自屏[106]，虽本郡守，亦不往拜其辱[107]，良以近臣得罪，省躬念咎，不得不尔。老兄到此，恐亦不敢出迎。若以骨肉之爱，不责末礼而屈临之，余生之幸，非所敢望也！其余区区，殆非纸墨所能尽。惟千万照悉而已。德孺、懿叔久不闻耗，想频得安问。八郎、九

104 程之才，字正辅，东坡的表兄与姐夫。

105 提刑：提刑官，官职名，提点刑狱公事的简称。宋代特有的一种官职，大致相当于法官兼检察官。

106 自屏：自我隔绝，不与他人交往。

107 未曾前往拜会，枉费了他人来访的好意。

郎亦然。令子几人侍行？若巡按必同行，因得一见，又幸。舍弟近得书，云在湖口，见令子新妇，亦具道尊意，感服不可言。

又　惠州

　　老兄近日酒量如何？弟终日把盏，积计不过五银盏耳。然近得一酿法，绝奇，色、香、味皆疑于官法矣。使旆[108]来此有期，当预酝也。向在中山[109]，创作松醪[110]，有一赋[111]，闲录呈，以发一笑。

又　惠州

　　谪居穷寂，谁复顾者？兄不惜数舍之劳，以成十日之会，惟此恩意，如何可忘？别后不免数日牢落，窃惟尊怀亦怅然也。但痴望沛泽[112]北归，得复会见尔！到广[113]少留否？比日起居何如？某到家无恙，不烦念及。未参候间，万万若时自重！

108 使节的旗帜。此代指上官。

109 中山：河北定州。北宋元祐八年(1093)，苏轼被贬定州知州。

110 松醪，酒名。醪：láo，浊酒；后也指美酒。苏东坡任定州知州时，自酿松醪酒，命名"中山松醪"。

111《中山松醪赋》，东坡作文并书写，为书法经典之作。

112 沛泽：沛然大雨成泽；喻皇恩浩荡。

113 广州。

又 惠州

近乡僧法舟行，奉书必达。惠州急足还，辱手教，且审起居佳胜，感慰兼集！宠示《诗域》《醉乡》二首，格力益清妙。深欲继作，不惟高韵难攀，又子由及诸相识皆有书痛戒作诗。有说不欲详言。其言切甚，不可不遵用。空被来贶，但惭汗而已！兄欲写陶[114]体诗，不敢奉违，今写在扬州日二十首寄上，亦乞不示人也。未由会合，日听除音[115]而已！惟万万若时自重！

又 惠州

少恳冒闻[116]：向所见海会长老，甚不易得，院子亦渐兴葺。已建法堂甚宏壮，某亦助施三十缗足，令起寝堂，岁终当圆备也。院旁有一陂[117]，诘曲[118]群山间，长一里有余。意欲买此陂，属百姓见说数十千可得。稍加葺筑，作一放生池。囊中已罄，辄欲缘化老兄及子由各出十五千足，某亦竭力共成此一事。所活鳞介[119]，岁有万数矣。老大没用处，犹欲作少有为功德，不知兄意如何？如可，便乞附至，不罪！不罪！

114 陶渊明。

115 除音：庭院里的声音。意为盼望朋友到访。除，庭院。

116 少恳冒闻：有小事打扰，恳切在心，冒昧大胆报告。书信礼貌用语。

117 陂，bēi，池塘。

118 诘曲：屈曲，屈折。

119 鳞介：泛指有鳞和甲的水生动物。介：甲壳。

又　惠州

　　此中湖鱼之利，下塘常为启闭之所，岁终竭泽而取，略无脱者。今若作放生池，但牢筑下塘，永不开口，水涨溢，即听其自在出入，则所活不赀[120]矣！

120 不赀：数量极多，无法计数。赀，zī。

又　惠州

　　忽复残腊，会合无缘，不能无天末流离之念也！急足回，辱书，具审尊体康胜。仍示佳语五章，字字新奇，叹咏不已。老嫂奄隔，更此徂岁[121]，想加凄断，然终无益，惟日远日忘，为得理也。某近苦痔，殊无聊，杜门谢客，兀然坐忘尔。新春，为国自爱，早膺北归殊宠。

121 徂岁：岁末，往年，时光流逝。徂，cú，去，往，到。

又 惠州

　　某睹近事，已绝北归之望。然中心甚安之。未话妙理达观，但譬如元是惠州秀才，累举不第[122]，有何不可？知之免忧。诗累欲和，韵崄[123]，又已更老手五赓[124]，殆难措辞也，亦苦痔无情思耳。惠黄雀，感愧感愧！子由一书，告早入皮筒，幸甚幸甚！

122 不第：考进士失败。

123 崄：通"险"。

124 赓，gēng，连续，继续。

又 惠州

　　人来，辱书，伏蒙履兹新春，起居佳胜。至孝通直，已还左右，感慰良深。且闻有北辕[125]之耗[126]，尤副卑望。《咏史》等诗高绝，每篇乃是一论，屈滞他作绝句也。前后惠诗皆未和，非敢懒也。盖子由近有书深戒作诗，其言切至，云当焚砚弃笔，不但作而不出也。不忍违其忧爱之意，所以遂不作一字，惟深察！吾兄近诗益工，孟德[127]有言："老而能学，惟余与袁伯业[128]。"此事不独今人不能，古人亦自少也。未拜命间，频示数字，慰此牢落。余惟万万为时自重！

125 辕，车辕，此代指车。北辕即驾车北行。

126 耗：消息。

127 曹操，字孟德。

128 袁遗，字伯业，东汉末名人。语出曹丕《典论》。

致大觉禅师（琏公）（一通）

与大觉禅师琏公 [129] 杭倅

人至，辱书，伏承法候安裕，倾向！倾向！昨奉闻欲舍禅月罗汉 [130]，非有他也。先君爱此画，私心以为舍施，莫如舍所甚爱，而先君所与厚善者莫如公。又此画颇以灵异，累有所觉于梦寐，不欲尽谈，嫌涉怪尔。以此益不欲于俗家收藏。意只如此。而来书乃见疑，欲换金水罗汉，开书不觉失笑！近世土风薄恶，动有可疑，不谓世外之人犹复尔也！请勿复谈此。某比乏人可令赍去，兵卒之类，又不足分付，告吾师差一谨干小师 [131]，赍笼伏来迎取，并古佛一轴，亦同舍也。钱塘景物，乐之忘归。舍弟今自陈州 [132] 得替，当授东南幕官，冬初恐到此，亦未甚的。诗笔计益老健，或借得数首一观，良幸！到此，亦有拙恶百十首，闲暇当录寄也。

129 大觉禅师，朝廷所赐封号；琏公，对僧人之尊称，因其法号怀琏。琏公俗姓陈，字器之，东坡友人。

130 禅月和尚画的罗汉像。

131 谨慎干练的小和尚。师，法师，僧人。

132 陈州：河南淮阳。

致刁景纯（二通）

答湖守刁景纯[133]　黄州

因循不奉书，不觉岁月乃尔久耶！过辱不
遗，远赐存问，感激不可言也！比日窃惟镇抚
多暇，起居胜常。吴兴风物，梦想见之，啸咏
之乐，恨不得相陪。闻风谣[134]蔼然，足慰所望。
夏暄，万万自重！

又　黄州

旧诗过烦镌刻，及墨竹桥字，并蒙寄惠，
感愧兼集！吴兴自晋以来，贤守[135]风流相望，
而不肖[136]独以罪去，垢累溪山。景纯相爱之深，
特与洗饰，此意何可忘耶？在郡虽不久，亦作
诗数十首，久皆忘之。独忆四首，录呈为一笑。
耗老病而贫，必赐清顾，幸甚！

133 刁约，字景纯。

134 风谣：民歌传唱。

135 守官贤明。

136 不肖：不成器；自谦语。

致冯祖仁（一通）

与冯祖仁　南迁

　　蒙示长笺，粲然累幅，光彩下烛，衰朽增华。但以未拜告命[137]，不敢具启答谢，感怍不可言喻。老瘁不复畴昔，但偶未死耳。水道间关寸进，更二十余日，方至曲江[138]，首当诣宇下。区区非面不既[139]，乏人写大状，不罪。手拙，简略不次。

137 未拜告命: 未收到诏书。

138 曲江: 广东曲江县。

139 不既: 不尽。

致范纯夫（三通）

答范纯夫　湖州

　　向者深望轩从[140]一来。而还领手示，知径赴治[141]，实增怅惘！比日起居佳胜。日对五老[142]，想有佳思。此间湖山信美，而衰病不堪烦，但有归蜀之兴耳。未由会集，千万以时自爱！

140 轩从: 乘高车, 携随从。

141 治: 治所, 为官之地。

142 五老峰, 在江西庐山。

与范纯夫　惠州

　　某谓居瘴乡[143]，惟静绝欲念，为万全之良药，公久已尔，不在多祝也。子由极安常，燕坐[144]胎息[145]而已。有一书，附纳。长子迈即宜兴挈两房来，已到循州，一行并安。过近往迎之，得耗，且夕到此。某见独守舍耳！次子迨在许下。子由长子名迟者，官满来筠[146]省觐[147]，亦不久到。恐要知。六妇与二孙并安健。过去日，留一书并数品药在此，今附何秀才去。如闻公目疾尚未平，幸勿过服凉药。暗室瞑坐数息，药功何缘及此？两承惠锡器，极荷重意！丹霞观张天师遗迹，傥有良药异事乎？令子不及别书，侍奉外多慰。子功之丧，忽已除祥[148]，哀哉奈何！诸子想各已之官。某孙妇甚长，且夕到此矣。

143 蛮荒多生瘴疫之地。

144 燕坐：安坐。

145 胎息：道家调息养生之法。

146 筠州，江西高安。

147 省觐：拜见父母。

148 除祥：不再进行祥祭；意为已死去一段时间。

与范纯夫

《忠文公碑》，固所愿托附，但平生本不为此，中间数公，盖不得已，不欲卒负初心；自出都后，更不作不为，已辞数家矣，如大观[149]，其一也。今不可复写，千万亮察[150]！鲁直日会，且致区区。两辱书皆未答，直懒尔，别无说。然鲁直不容我，谁复能容我者？

致范梦得（一通）

与范梦得

某启：一别俯仰十五年，所喜君子渐用，足为吾道之庆。比日起居何如？某旦夕南迁，后会无期，不能无怅惘也。过扬，见东平公极安，行复见之矣。新著必多，无缘借观，为耿耿耳。乍暄[151]，惟顺候自重。因李豸秀才行，附启上问。不宣。

149 潘大观，黄冈人，潘大临弟。

150 亦作"亮詧"；明鉴，多用于书信中，表示希望对方谅解。

151 暄：日暖。

致范蜀公（景仁）（四通）

答范蜀公 [152]　黄州

李成伯长官至，辱书，承起居佳胜，甚慰驰仰！新居已成，池圃胜绝 [153]，朋旧子舍 [154] 皆在，人间之乐，复有过此者乎？某凡百粗遣，春夏间多患疮及赤目，杜门谢客，而传者遂云物故 [155]，以为左右忧。闻李长官说，以为一笑，平生所得毁誉，殆皆此类也！何时获奉几杖？临书惘惘。

152 范镇，字景仁，封蜀郡公；北宋名臣。

153 绝妙。

154 子舍：小房间。

155 物故：人死。

又　黄州

蒙示谕，欲为卜邻，此平生之至愿也。寄身函丈 [156] 之侧，且夕闻道，又况忝姻戚之末，而风物之美，足以终老，幸甚！幸甚！但囊中止有数百千，已令儿子持往荆渚 [157]，买一小庄子矣。恨闻命之后！然京师尚有少房缗 [158]，若果许为指挥从者干当，卖此业，可得八百余千，不识可纳左右否？所赐手书，小字如芒，知公目益明，此大庆也！某早衰多病，近日亦能屏去百事，淡泊自持，亦便佳健，异日必能陪从也。

156 函丈：讲席。

157 荆渚：荆溪，河流名，在江苏宜兴。

158 缗：钱串，金钱。

又　黄州

承别纸示谕："曲蘖[159]有毒，平地生出醉乡；土偶作祟，眼前妄见佛国。"公欲哀而救之，问所以救者。小子何人，固不敢不对。公方立仁义以为城池，操《诗》《书》以为干楯[160]，则舟中之人，尽为敌国，虽公盛德，小子亦未知胜负所在。愿公宴坐静室，常作是念，当观彼能惑之性，安所从生？又观公欲救之心，作何形段？此犹不立，彼复何依？虽黄面瞿昙[161]，亦须敛衽，而况学之者耶？聊复信笔，以发公千里一笑而已。

又　黄州

颠仆罪戾，世所鄙远，而大丈独收录。欲令撰先府君墓碑，至为荣幸，复何可否之间？而不肖平生不作墓志及碑者，非特执守私意，盖有先戒也。反复计虑，愧汗而已！仁明[162]洞照，必深识其意。所赐五体书[163]，谨为子孙之藏，幸甚！幸甚！无缘躬伏门下，道所以然者，皇恐之至！

159 酒曲酒母。

160 干：盾牌。楯：通"盾"。

161 瞿昙：梵语，亦译乔答摩。代指佛僧。

162 仁厚明达，指范景仁。

163 用五种字体所作书法作品。

致范元长（一通）

与范元长[164] 儋耳

　　毒暑，远惟孝履如宜。海外粗闻近事，南来诸人，恐有北辕之渐，而吾友翰林公，独隔幽显[165]，言之痛裂忘生，矧[166]昆仲纯笃之性，感恸摧割[167]，如何可言！奈何奈何！老朽一言，非苟以相宽者，先公清德绝识，高文博学，非独今世所无，古人亦罕有能兼者，岂世间混混生死流转[168]之人哉？其超然世表，如仙佛之所云必矣。况其平生自有表见于无穷者，岂必区区较量顷刻之寿否耶？此意卓然，唯昆弟深自爱。得归，亦勿亟遽[169]，俟秋稍凉而行为佳。某深欲一见左右，赴合浦，不惜数舍之迁，但再三思虑，不敢尔！必深察。临行，必预有书相报。热甚，万万节哀自重！

164 范元长：苏轼友人范祖禹之子。

165 幽显：幽，死；显，生。

166 矧：何况。

167 摧割：悲哀摧毁身体，如利器割伤。

168 流转：佛教语，谓受制于轮回，不得解剖。

169 亟遽，jùjí，急忙，立即。

致范子丰（一通）

与范子丰　徐州

170 四明：浙江宁波。

　　近专人奉状，达否？即日起居何如？贵眷各安，局事渐清简否？某幸无恙。水旱相继，流亡盗贼渐起，决口未塞，河水日增，劳苦纷纷，何时定乎？近乞四明[170]，不知可得否？不尔，但得江淮间一小郡，皆可乐，更不敢有择也。子丰能为一言于诸公间乎？试留意。人还，仍乞一报，幸甚！奉见无期，惟万万以时自重！

致佛印禅师（二通）

答佛印[171]禅师

171 佛印：僧人了元，东坡好友。

172 弛担：放松，避重。

　　经年不闻法音，经术荒涩，无与锄治。忽领手教累幅，稍觉洒然。仍审比来起居佳胜。行役二年，水陆万里，近方弛担[172]，老病不复往日，而都下人事，十倍于外，吁，可畏也！复欲如去年相对溪上，闻八万四千偈，岂可得哉？南望山门，临书凄断！苦寒，为众自重！

与佛印禅师　京师

尘劳衮衮，忽得来书，读之如蓬蒿藜藿[173]之径而闻謦欬[174]之音，可胜慰悦！且审即日法履轻安，又重以慰也。某蒙恩擢寘词林[175]，进陪经幄[176]，是为儒者之极荣，实出禅师之善祷也。余热，千万自重！

173 蓬蒿藜藿：四种植物；此处意为荒草丛生之所。

174 謦欬，qǐngkài，咳嗽；此指人谈吐声音。

175 词林：翰林院。

176 经幄：汉唐以来帝王为讲论经史而特设的御前讲席，宋代始称经筵，设置讲官。

致福应真大师（一通）

代夫人与福应真大师　南迁

久不闻法音，驰仰殊深！即日远想起居安稳。儿随夫远谪，百念灰灭，持诵[177]之余，幸无恙。何时复见，一洗岭瘴？春寒，千万为法自重。不宣。旌德县君王氏儿再拜。

177 持诵：持咒念佛。

致傅维岩（二通）

与傅维岩秘校　儋耳

178 徼，jiào，边界。

179 仕：出仕为官。

　　某启：专人至，承不鄙罪废，长笺见及，援证今古，陈义甚高，伏读感愧。仍审比来起居佳胜，至慰至慰！守局海徼[178]，淹屈才美。然仕[179]无高下，但能随时及物，中无所愧，即为达也。伏暑，万万自爱。不宣。

又　儋耳

180 杜门面壁：闭门不出，面壁修行。

181 篚，fǐ，用竹篾编的盛零碎东西的小篓。

182 苍术、橘皮：皆为中药。

　　官事有暇，得为学不辍否？有可与往还者乎？此间百事不类海北，但杜门面壁[180]而已。彼中如有篚[181]药治病者，为致少许。此间如苍术、橘皮[182]之类，皆不可得；但不嫌篚贱，为相度致数品。不罪不罪！

致胡道师（一通）

答胡道师　北归

再过庐阜[183]，俯仰十九年，陵谷草木，皆失故态，栖贤、开先[184]之胜，殆亡其半。幻景虚妄，理固当尔。独山中道友契好如昔，道在世外，良非虚语。道师又不远数百里负笈[185]相从，秉烛相对，恍若梦寐。秋声宿云，了然在吾目中矣。幸甚！幸甚！乍别，远枉专使手书，且审已还旧隐，起居胜常；明日解舟愈远，万万以时自重。

183 庐阜：庐山。

184 栖贤、开先：庐山名寺。

185 负笈：背着书箱，代指游学外地。笈，jí。

致几演（蜀僧）（一通）

答蜀僧几演

186 唐人二著名诗僧。

187 声名显赫。

188 蕲，qí，古同"祈"，祈求。

189 鼓誉：鼓吹求名。

几演大士：蒙惠《蟠龙集》，向已尽读数册，乃诗乃文，笔力奇健，深增叹伏！仆尝观贯休、齐己[186]诗，尤多凡陋，而遇知得名，赫奕[187]如此！盖时文凋敝，故使此二僧为雄强。今吾师老于吟咏，精敏豪放，而汩没流俗，岂亦有幸不幸耶？然此道固亦淡泊寂寞，非以蕲[188]人知而鼓誉[189]也，但鸣一代之风雅而已。既承厚贶，聊奉广耳。

致贾耘老（三通）

答贾耘老[190]

190 贾收，字耘老。

久不奉书，尚蒙纪录。远枉手教，且审比日动止佳胜，感慰兼集！寄示石刻，足见故人风气之深，且与世异趣也。新诗不蒙录示数篇，何也？贫固诗人之常，齿落目昏，当是为双荷叶[191]所困，未可专咎诗也。某发少加白耳，余如故。未缘往见，万万自爱！

又

久放江湖，不见伟人。昨在金山，滕元发[192]以扁舟破巨浪来相见。出船巍然，使人神耸，好个没兴底张镐[193]相公。见时且为致意，别后酒狂，甚长进也。老杜[194]云："张公一生江海客，身长九尺须眉苍。"谓张镐也。萧嵩[195]荐之云："用之则为帝王师，不用则穷谷一病叟耳！"

又

今日舟中无他事，十指如悬槌。适有人致嘉酒，遂独饮一杯，醺然径醉。念贾处士贫甚，无以慰其意，乃为作怪石古木一纸，每遇饥时，辄以开看，还能饱人否？若吴兴有好事者，能为君月致米三石、酒三斗，终君之世者，便以赠之。不尔者，可令双荷叶收掌，须添丁[196]，长以付之也。

191 双荷叶：贾耘老家小妓。

192 滕元发：浙江东阳人，北宋名臣。

193 张镐：字从周，唐朝名臣。曾为宰相，故称"相公"。

194 唐诗人杜甫；诗人杜牧为"小杜"。

195 萧嵩：唐朝名臣，官至河西节度使。

196 添丁：生男孩。

致蹇序辰（一通）

与蹇序辰

前日已奉书。昨日食后，垂欲上马赴约，忽儿妇眩[197]倒，不知人者久之，救疗至今，虽稍愈，尚昏昏也。小儿辈未更事，义难舍去，遂成失信。想仁明必恕其不得已也。然负愧深矣！乍暖，起居何如？闲废之人，径往一见，谓必得之，乃尔龃龉[198]，人事真不可必也！后会何可复期，惟万万为国自重！

197 眩晕。

198 龃龉：关系不和，意见冲突。

致姜唐佐（三通）

与姜唐佐[199]秀才

今者霁色尤可喜。食已，当取天庆[200]乳泉，泼建茶[201]之精者，念非君莫与共之。然食来市无肉，当相与啖菜饭尔。不嫌，可只今相过。某启上。

199 姜唐佐：名君弼，琼州人，多受东坡帮助学习；后中琼州第一位进士。

200 天庆：道观名。

201 建茶，也即"建茗"；宋代福建建州建安县（今建瓯）所产名茶，为贡奉皇家用茶。

又

适写此简，得来示，知巡检有会，更不敢邀请。会若散早，可来啜茗否？酒、面等承佳惠，感愧！感愧！来旦饭必如诺。十月十五日白。

与姜唐佐秀才　儋耳

某已得合浦[202]文字，见治装，不过六月初离此。只从石排或澄迈[203]渡海，无缘更到琼[204]会见也。此怀甚悯悯。因见贰车[205]，略道下悃。有一书至儿子迈处，从者往五羊时为带去，转托何崇道附达为幸。儿子治装冗甚，未及奉启。所借《烟萝子》两卷、《吴志》四册、《会要》两册，并驰纳。

202 广东合浦县。

203 澄迈县，属广东琼州。

204 琼：广东琼州。

205 贰车：副车；代指副职。

致康公操（一通）

与康公操都官　杭倅

某稔[206]闻才业之美，尚淹擢用，向承非罪被移，众论可怪，贤者处之，想恬适[207]也。希声久不得书，承示谕，方知得蜀州，应甚慰意。二浙[208]处处佳山水，守官殊可乐。乡人之至此者绝少。举目无亲故，而杭又多事，时投余隙，辄出访览，亦自可卒岁[209]也。东阳[210]自昔胜处，见刘梦得有"三伏生秋"之句，此境犹在否？未知会晤之日，但有企咏[211]。

206 稔，rěn，成熟，熟悉。

207 恬适：恬然自乐。

208 浙东浙西。

209 卒岁：终岁，度过岁月。

210 浙江东阳。

211 企咏：以吟咏寄托向往之情。

致孔毅父（二通）

与孔毅父[212]扬州

到扬，吏事清暇，而人事十倍于杭，甚非老拙所堪也。熟观所历数路，民皆积欠为大患。仁圣[213]抚养八年，而民未苏者，正坐此事尔！方欲出力理会，谁肯少助我者乎？此间去公咫

212 孔平仲，字毅父。

213 宋仁宗皇帝。

尺尔，而过往妄造言语者，或言公欲括田而招兵，近闻得皆虚，想出于欲邀功赏而不愿公来者乎？事之济否皆天也，君子尽心而已！无由面见，临纸惘惘！

答孔毅父　北归

　　中间常父倾逝，不能一奉慰疏，但荒徼[214]一慨[215]而已，惭负至今！承谕，子由不甚觉老，闻公亦蔚然如昔，不肖虽皤然[216]，亦无苦恙，刘器之乃是铁人。但逝者数子，百身莫赎[217]，奈何！江上微雨，饮酒薄醉，书不能谨。

214 荒徼：蛮荒边地。

215 一慨：发一感慨。

216 皤然，pórán，头发斑白。

217 百身莫赎：拿一百个我，也无法把死者换回；表示极沉痛地悼念。出《诗经·秦风·黄鸟》："如可赎兮,人百其身。"

致黎希声（一通）

与眉守黎希声　徐州

去岁王秀才西归，奉状必达。即日远想起居佳胜。承朝廷俯徇民欲，有旨借留[218]，虽滞留高步，士论未厌，而乡闾之庆，特以自私而已。然山水之秀，园亭之胜，士人之众多，食物之便美，计公亦自乐之忘归也。某久去坟墓，贪禄忘家，念之辄面热，但差使南北，不敢自择尔。何时复得一笑为乐？尚冀为时自重！

致李方叔（五通）

答李方叔

叠辱手教，愧荷不已！雪寒，起居佳胜。示谕，固识孝心深至。然某从来不独不作，不书铭志，但缘子孙欲追述祖考而作者，皆未尝措手也。近日与温公作行状、书墓志者，独以公尝为先妣墓铭，不可不报耳！其他决不为，

218 借留：地方百姓要求留用深得民心的官吏。

所辞者众矣，不可独应命。想必获罪左右，然公度某无他意，意尽于此矣。悚息！悚息！

又

某以虚名过实，士大夫不察，责望逾涯，朽钝不能副其求，复致纷纷，欲自致省静寡过之地，以饯[219]余年，不知果得此愿否？故人见爱以德，不应更虚华粉饰以重其不幸。承示谕，但有愧汗耳。

219 饯：饯行。此处意为饮酒行乐，了此余生。

与李方叔[220] 黄州

久不奉书问为愧！递[221]中辱手书，劳勉益厚。无状[222]何以致足下拳拳[223]之不忘如此！比日起居何如？今岁暑毒，十倍常年，雨昼夜不止者十余日，门外水天相接。今虽已晴，下潦上蒸，病夫气息而已。想足下闭门著述，自有乐事。间从诸英唱和谈论，此可羡也。何时得会合？惟万万自重！不宣。

220 李荐，字方叔，华州人；有《济南集》等。

221 递：邮寄。

222 谦词，指自己。

223 拳拳：诚恳。

与李方叔 北归

顷年于稠人[224]中骤得张、秦、黄、晁[225]及方叔、履常[226]，意谓天不爱宝，其获盖未艾[227]也！比来经涉世故，间关[228]四方，更欲求其似，邈不可得！以此知人决不徒出，不有立于先，必有觉于后。决不碌碌与草木同腐也。迨、过[229]皆不废学，可令参侍几研。

又 北归

某启：比[230]辱手教，迩来所履如何？某自恨不以一身塞罪，坐累[231]朋友。如方叔飘然一布衣[232]，亦几不免。淳甫[233]、少游、又安所获罪于天，遂断弃其命，言之何益，付之清议[234]而已！忧患虽已过，更宜掩口以安晚节也。不讶[235]！不讶！

224 稠人：众人。

225 即"苏门四学士"。

226 陈师道，字履常，一字无己，彭城人，宋著名诗人，有《后山集》。

227 未艾：未已。

228 间关：艰涩；道路难行。

229 苏迨，苏过；东坡两个儿子。

230 比：近来。

231 连累，牵连获罪。

232 布衣：未入仕途为官者。

233 范祖禹，字淳甫，一作纯夫，华阳人。

234 清议：清流之士的议论；舆论。

235 讶：惊诧。

致李公择（三通）

与李公择　黄州

知治行[236]窘用不易。仆行年五十，始知作活，大要是悭[237]尔，而文以美名谓之俭素。然吾侪为之，则不类俗人，真可谓淡而有味者。又《诗》云："不戢不难，受福不那。"[238]口体之欲，何穷之有？每加节俭，亦是惜福延寿之道，此似鄙吝，且出之不得已也。然自谓长策，不敢独用，故献之左右。住京师，尤宜用此策也。一笑。

236 治行：出门整治行装。

237 悭：吝啬。

238 出《诗·小雅·桑扈》；不受艰难困苦，就难以长久享福。

又　黄州

示及新诗，皆有远别惘然之意，虽兄之爱我厚，然仆本以铁心石肠待公，何乃尔耶？吾侪虽老且穷，而道理贯心肝，忠义填骨髓，直须谈笑死生之际，若见仆困穷便相怜，则与不学道者大不相远矣！兄造道深，中必不尔，出于相爱好之笃而已。然朋友之义，专务规谏，辄以狂言广兄之意尔！虽坎壈[239]于时，遇事有

239 坎壈：不平，坎坷。

240 尊奉君王，造福民众。

241 火烧销毁。

可尊主泽民[240]者，便忘躯为之，祸福得丧，付与造物。非兄，仆岂发此？看讫便火[241]之，不知者以为诟病也。

与李公择[242]

242 李常，字公择，东坡友。

243 栖贤：栖贤寺，在庐山。

秋色佳哉！想有以为乐。人生惟寒食、重九，慎不可虚掷，四时之变，无如此节者。近有潮州人寄一物，其上云"扶劣膏"，不言何物。状似羊脂而坚，盛竹筒中，公识此物否？味其名，必佳物也。若识之，当详以示，可分去，或问习海南者。子由近作《栖贤僧堂记》[243]，读之惨懔，觉崩崖飞瀑，逼人寒栗。

致李寺丞（一通）

答李寺丞　黄州

　　远蒙分辍清俸二千，极愧厚意！然长者清贫，仆所知也，此不敢请，又重违至意，辄请至年终来春即纳上，感愧不可言也！仆虽遭忧患狼狈，然匹如[244]当初不及第[245]，即诸事易了，荷忧念之深，故以解悬虑。

244 譬如，比如。

245 及第：考中进士。

致李昭玘（一通）

答李昭玘[246]　黄州

　　无便，久不奉书。王子中来，且出所惠书，益知动止之详，为慰无量！比日尊体何如？既拜赐雪堂[247]新诗，又获观负日轩诸诗文，耳目眩骇，不能窥其浅深矣！老病废学已久而此心犹在，观足下新制，及鲁直、无咎、明略[248]等诸人唱和，于拙者便可格笔[249]，不复措辞。近有李豸者，阳翟[250]人，虽狂气未除，而笔墨澜翻，已有漂沙走石之势，尝识之否？子中殊长进，皆左右之赐也。何时一笑？未间，惟万万自重！

246 李成季，东坡友。

247 雪堂：东坡在黄州所建住所，为作《雪堂记》传世。

248 黄庭坚、晁无咎、廖明略三人。

249 格笔：搁笔，不写。

250 阳翟：河南禹县。

致李之仪（三通）

与李之仪[251] 北归

某年六十五矣！体力毛发，正与年相称，或得复与公相见，亦未可知。已前者皆梦，已后者独非梦乎？置之不足道也。所喜者，在海南了得《易》《书》《论语传》数十卷，似有益于骨朽后人耳目也。少游[252]遂卒于道路，哀哉痛哉！世岂复有斯人乎？端叔亦老矣，迨[253]云须发已皓然，然颜极丹且渥[254]，仆亦正如此。各宜闷啬[255]，庶几复见也。儿侄辈在治下，频与教督[256]，一书幸送与。某大醉中不成字，不罪不罪！

又 真州[257]

某以囊装罄尽，而子由亦久困无余，故欲就食淮浙。已而深念老境，知有几日，不可复作两处。又得子由书，及见教，语尤切己，决归许下[258]矣。但须少留仪真[259]，令儿子往宜兴，刮制变转，往还须月余，约至许下已七月矣。

251 李之仪：字端叔，东坡友人。

252 秦观，字少游；苏门四学士之一，贬官途中死于广西藤州。

253 迨：苏迨，东坡第二子。

254 渥：湿润。颜极丹且渥意为人红光满面，气色很好。

255 闷啬：保养身体。

256 教导。

257 真州：此处指今江苏仪征。

258 许下：河南许昌。

259 仪真：江苏仪征。

去岁在廉州托孙叔静寄书及小诗，达否？叔静云："端叔一生坎轲，晚节益牢落[260]，正赖鱼轩[261]贤德，能委曲[262]相顺，适以忘百忧。此岂细事？不尔，人生岂复有佳味乎？"叔静相友，想得其详，故辄以奉庆。忝[263]契，不罪。

260 牢落：寥落，孤寂。

261 鱼轩：夫人。

262 委曲：婉转相从。

263 忝，tiǎn，羞辱，愧对。

又 北归

近孙叔静奉书，远递得达否？比来尊体何如？眷聚各安胜。某蒙恩领真祠[264]，世间美仕复有过此者乎？伏惟君恩之重，不可量数，遥知朋友为我喜而不寐也。今已到虔[265]，即往淮浙间居处，多在毗陵[266]也。子由闻已归许[267]，秉烛相对，非梦而何？一书乞便与。余惟万万自爱。某再拜。

264 领祠禄，宋代五品以上官员罢官后，以主管道教宫观名义领体禄；东坡受命提举玉局观，故有此说。

265 虔：虔州，江西赣县。

266 毗陵：江苏常州。

267 许：许州；河南许昌。

致廖明略（一通）

答廖明略[268]　北归

268 廖正，字明略。

269 百罹：百忧。罹，lí，苦难，不幸。

270 皎然：明白清楚。

271 寻：很快。

272 变灭：变幻死灭。

273 冗迫：繁忙，匆忙。

　　远去左右，俯仰十年，相与更此百罹[269]，非复人事，置之勿污笔墨可也。所幸平安，复见天日。彼数子者何辜，独先朝露！吾侪皆可庆，宁复戚戚于既往哉？公议皎然[270]，荣辱竟安在？其余梦幻去来，何啻蚊虻之过目前也。矧公才学过人远甚，虽欲忘世而世不我忘，晚节功名，直恐不免尔！老朽欲屏居田里，犹或得见，蜂蚁之微，寻[271]以变灭[272]，终不足道。区区仰念，有以广公之意者，切欲启事上答，冗迫[273]不能就，惟深亮之！

致林济甫（一通）

廖明略与林济甫[274]　儋耳[275]

274 林济甫：不详；或作杨济父。

275 儋耳：广东儋县。

276 翛然：自得。

277 天末：天边。天隔一方。

　　眉兵至，承惠书，具审尊体佳胜，眷爱各安。某与幼子过南来，余皆留惠州。生事狼狈，劳苦万状，然胸中亦自有翛然[276]处也。今到海岸，地名递角场，明日顺风，即过海矣。回望乡国，真在天末[277]！留书为别。未间，远惟以时自重！

致林天和（八通）

与林天和长官

某启：近数奉书，想皆达。雨后清和，起居佳胜。花木悉佳品，又根拨不伤，遂成幽居之趣。荷雅意无穷，未即面谢为愧耳！人还，匆匆。不宣。

又

某启：昨辱访别，尤荷厚眷。恨老病龙钟[278]，不果诣达，愧负多矣。经宿起居如何？果成行未？忘己为民，谁如君者？愿益进此道，譬之农夫，不以水旱而废穮蓘[279]也。此外万万自爱。不宣。

278 龙钟：年老体衰，行动不便。

279 穮蓘，biāogǔn，穮，翻地；蓘，培土。皆为耕作之事，后泛指辛勤劳作。出《左传·昭公元年》："是穮是蓘。"

又

某启：比日蒸热，体中佳否？承惠杨梅，感佩之至！闻山姜花欲出，录梦得[280]诗去，庶致此馈也。呵呵。丰乐桥数木匠请假暂归，多日不至，敢烦旨麾勾押[281]送来为幸。草草奉启，不罪。

280 唐诗人刘禹锡，字梦得。

281 旨麾勾押：令人抓捕押解。此为玩笑语。

与林天和长官　儋耳

高君一卧遂化[282]，深可伤念！其家不失所否？瘴疫横流，僵仆者不可胜计。奈何！奈何！

某亦旬日之间丧两女使，谪居牢落，又有此狼狈[283]，想闻之亦为之怃然[284]也。某再启。

282 化：此为去世。

283 狼狈：困苦或受窘。

284 怃然：怅惘失意。

又

某启：近日辱书，伏承别后起居佳胜，甚慰驰仰。数夕月色清绝，恨不同赏，想亦对景独酌而已！未即披奉[285]，万万自重！人还，布启，不宣。

285 披奉：拆开阅读并恭敬地接受；古代书信常用礼貌用语。

又

某启：近辱过访，病中恨不款奉[286]。人来，枉手教，具审起居佳胜，至慰！至慰！且夕中秋，想复佳风月，莫由陪接，增怅仰也。乍凉，万万自重！不宣。

286 款奉：殷勤奉陪。

又

某启：辱书，伏承起居佳胜。示谕幼累已到，诚流寓中一喜。然老稚纷纷[287]，口众食贫，向之孤寂，未必不佳也。可以一笑。蒸郁未解，万万以时自重！不宣。

287 纷纷：事多烦扰。

又

某启：昨日江干邂逅[288]，未尽所怀。来日欲奉屈蚤膳，庶小款曲[289]。阙人，不获躬诣，不罪。

288 邂逅, xièhòu 偶然相遇，出自《诗经·国风》；也指相逢之欢喜。

289 款曲, kuǎnqū, 衷情，殷勤诚挚的心意。

致刘贡父（二通）

答刘贡父[290] 京师

290 刘攽，字贡父，北宋名臣。

291 辇下，天子居辇之下，指京城。

　　某江湖之人，久留辇下[291]，如在樊笼，岂复佳思也？人情责重百端，而衰病不能应副，动是罪戾。故人知我，想复见怜耶？后会未可期，临书怅惘，禅理气术，比来加进否？世间关身事，特有此耳，愿更着鞭，区区之祷也。

答刘贡父

292 下车：下公车；指官员上任。

293 皙且泽：白皙光润，脸色好。

294 归觐：归来拜见君王或父母。

　　久阔暂聚，复此违异，怅惘至今！公私纷纷，有失驰问。辱书，感怍无量！字画妍洁，及问来使，云："尊貌比初下车[292]时，皙且泽[293]矣。"闻之喜甚。比来起居想益佳。何日归觐[294]，慰士大夫之望？未闲，万万为时自重！不宣。

致鲁直（黄庭坚）（二通）

与鲁直 [295]

晁君 [296] 寄骚 [297]，细看甚奇，信其家多异材耶！然有少意，欲鲁直以己意微箴 [298] 之。凡人文字，当务使平和，至足之余，溢为奇怪，盖出于不得已尔。晁文奇怪似差早，然不可直云耳。非谓避讳也，恐伤其迈往之奇；当为朋友讲磨之语乃宜。不知公谓然否？

与鲁直 惠州

某启：方惠州遣人致所惠书，承中途相见，尊候甚安。即日想已达黔中 [299]，不审起居何如，土风何似？或云大率似长沙，审尔，亦不甚恶也。惠州久已安之矣，度黔亦无不可处之道也。开行囊中无一钱，途中颇有好事者，能相济给否？某虽未至此，然亦凛凛然；水到渠成，不须预虑。但数日苦痔病，百药不瘳，遂断肉菜五味，日食淡面两碗，胡麻、茯苓 [300] 数杯。其戒又严于鲁直，但未能作文自誓，且日戒一日，庶几能终之。非特愈痔，所得多矣！子由得书，甚能有益于枯槁也。文潜在南极安，少游谪居

295 鲁直：黄庭坚，字鲁直。

296 晁君：多以为晁补之。

297 骚：离骚体文章；辞赋。

298 微箴：稍微劝诫提醒。

299 贵州。

300 胡麻、茯苓：两种中药。

甚自得，淳甫亦然，皆可喜。独元老奄忽，为之流涕。病剧久矣，想非由远適也。幽绝，书问难继，惟倍万保重！不宣。有侄婿王郎，名庠，荣州人。文行皆超然，笔力有余，出语不凡，可收为吾党也。自蜀遣人来惠，云："鲁直在黔，决当往见，求书为先容。"嘉其有奇操，故为作书。然旧闻太夫人多病，未易远去，谩为一言。眉山有程道诲者，亦奇士，文益老，王郎盖师之。此两人者，有致穷之具，而与不肖为亲，又欲往求鲁直，其穷殆未易量也！

致吕龙图（一通）

谢吕龙图[301]

前以拙讷，上尘听览，方惧获罪于门下，而无以容其诛。又辱答教，言辞款密[302]，礼遇优隆，而褒扬之句有加于前日，此不肖所以且喜且惧，而莫知所措也。珍函已捧受讫，谨藏之于家，以为子孙之美观。蔀[303]屋之陋，复生光彩；陈根之朽，再出英华，乃阁下暖然之春，有以姁育[304]成就之故也。择日斋沐[305]，再诣馆下。临纸涩讷，情不能宣，伏惟恕其愚。

301 龙图：龙图阁学士，职官名。

302 款密：恳切周详。

303 蔀，bù，覆盖于棚架上以遮蔽阳光的草席；蔀屋，草席盖顶之屋；泛指贫穷之家幽暗简陋之屋。

304 姁育：生养抚育，孕育。

305 斋沐：斋戒沐浴，郑重礼貌。

致吕熙道（一通）

答吕熙道　湖州

南都住半月，怳然[306]如一梦耳！思企德义，每以怅然！舍弟朴讷寡徒，非长者轻势重道，谁肯相厚者？湖州[307]江山风物，不类人间，加以事少睡足，真拙者之庆！有幹，不外！

306 怳然，怅然若失。

307 湖州：浙江吴兴。

致吕元钧（一通）

答吕元钧　京师

中间承进职，虽少慰人望，然公当在庙堂[308]，此岂足贺也？此间语言纷纷，比来尤甚，士大夫相顾避罪而已，何暇及中外利害大计乎？示谕，但闵然[309]而已！非久，季常人行，当尽区区。

308 在朝廷为高官。

309 闵然：忧伤。

致米元章（五通）

与米元章 [310] 常州

岭海八年，亲友旷绝，亦未尝关念。独念吾元章迈往 [311] 凌云之气，清雄绝俗之文，超妙入神之字，何时见之，以洗我积岁瘴毒耶？今真见之矣，余无足云者。

310 米芾，字元章，襄阳人，北宋大书法家；小东坡 15 岁，为师友之交。

311 迈往：超世拔俗。语出晋王羲之《诚谢万书》："以君迈往不屑之韵，而俯同群辟，诚难为意也。"

又 常州

两日来，疾有增无减，虽迁闸外，风气稍清，但虚乏不能食，口殆不能言也。儿子于何处得《宝月观赋》[312]，琅然 [313] 诵之，老夫卧听之未半，蹶然 [314] 而起，恨二十年相从，知元章不尽。若此赋当过古人，不论今世也。天下岂常如我辈聩聩 [315] 耶？公不久当自有大名，不劳我辈说也。若欲与公谈，则实未能，想当更后数日耶？

312 米芾所作。

313 琅然：声音清朗。

314 蹶然：受惊吓。

315 聩聩：昏乱无知。

又　常州

　　某两日病不能动，口亦不欲言，但困卧耳！承示太皇、草圣及谢帖[316]，皆不敢于病中草草题跋，谨且驰纳，俟少愈也。河水污浊不流，薰蒸益病，今日当迁往通济亭泊。虽不当远去左右，且就快风活水，一洗病滞。稍健，当奉[317]谈笑也。

316 太皇、草圣及谢帖：三种应皆为书法名帖，为米芾请东坡观览题跋者；具体何帖不详。

317 奉：奉陪。

又　常州

　　某昨日啖冷过度，夜暴下[318]，且复疲甚。食黄耆[319]粥甚美。卧阅四印奇古，失病所在。明日会食，乞且罢。需稍健，或雨过翛然[320]时也。印却纳。

318 暴下：突然腹泻。

319 黄耆：中草药，性温和。

320 翛然：自在超然，无拘无束。

又　常州

　　某食则胀，不食则羸[321]甚，昨夜通旦不交睫[322]，端坐饱蚊子耳！不知今夕云何度？示及古文，幸甚！谢帖未敢轻跋，欲书数句，了无意思，正坐[323]老谬[324]耳！眼食皆未佳，无缘遂东，当续拜简。

321 羸：体弱。

322 交睫：合眼，睡觉。

323 坐：因为。

324 老谬，miù，年老糊涂。

致毛维瞻（一通）

与毛维瞻

岁行尽矣！风雨凄然，纸窗竹屋，灯火青荧，时于此间得少佳趣。无由持献，独享为愧！想当一笑也。

致毛泽民（二通）

与毛泽民推官　黄州

325 不遇：不得志，不受赏识。

326 厄穷无聊：艰难困苦，无依无靠。

327 贶：赏赐。

328 壅嗽，痰多堵塞引起的咳嗽。

329 灭裂，客套话，意即该死。

新居在大江上，风云百变，足娱老人也。有一书斋名"思无邪"，闲知之。寄示奇茗，极精而丰，南来未始得也！亦时复有山僧逸民，可与同赏，此外但缄而藏之耳。佩荷厚意，永以为好。《秋兴》之作，追配骚人矣！不肖何足以窥其粗？遇不遇[325]自有定数，然非厄穷无聊[326]，何以发此奇思，以自表于世耶？敬佩来贶[327]，传之知音，感愧之极！数日适苦壅嗽[328]，殆不可堪，强作报，灭裂[329]死罪！

与毛泽民³³⁰ 推官　惠州

公素人来，得书累幅。既闻起居之详，又获新诗一篇，及公素寄示《双石记》。居夷久矣，不意复闻韶、濩³³¹之余音。喜慰之极，无以云喻。久废笔砚，不敢继和，必识此意。会合无期，临书惘惘³³²。秋暑，万万以时自厚。寓居粗遣，本带一幼子来。今者长子又授韶州³³³仁化令，冬中当挈家至此。某已买得数亩地，在白鹤峰上，古白鹤观基也。已令斫木陶瓦³³⁴，作屋三十许间，今冬成。去七十无几，矧³³⁵未能必至耶，更欲何之？以此神气粗定，他更无足为故人念者。圣主方设科求宏词，公傥有意乎？

致孟亨之（一通）

与孟亨之

今日斋素，食麦䬱³³⁶、笋脯³³⁷有余味，意谓不减刍豢³³⁸。念非吾亨之莫识此味，故饷一合，并建茗两片，食已，可与道媪对啜也。

330 毛滂，字泽民；苏轼友，有《东堂集》。

331 韶。

332 惘惘：困惑，伤感。

333 今广东曲江。

334 陶瓦：用土炼制瓦片。斫木陶瓦，指为建房作准备工作。

335 矧，shěn，另外，何况。

336 䬱：古同"饭"。

337 笋脯：笋干。

338 刍豢，chúhuàn，牛羊犬豕之类的家畜，泛指肉类食品。刍，草食，代指牛羊。豢，谷食，代指犬豕。

致明座主（明师，开元寺）（三通）

答开元 [339] 明座主

久别，思企不忘。辱书，具审法履安胜为慰！贤上人前年来此，寻往金山，多时不得消息，不知今安在也？石桥用功初不灭裂，云何一水，便尔败坏？无乃亦是不肖穷蹇 [340] 所累耶？何时复相见？千万保爱！

与开元明师

石桥之坏，每为怅然！吾师经营，非不坚尽，当由穷蹇之人，所向无成，累此桥耶？知尚未有涯，但勿废此志，岁丰人纾，会当成耳。仆已请居常州，暂至南京，即还南也。知之。

又

近过南都，见致政 [341] 太保张公。公以所藏禅月罗汉十六轴见授，云："衰老无复玩好，而私家畜画像，乏香灯供养，可择名蓝 [342] 高僧施之。"今吾师远来相别，岂此罗汉契缘在彼乎？敬以奉赠，亦太保公之本意也。

339 开元寺。

340 穷蹇：穷困潦倒。

341 致政：辞官退休。也称致仕。

342 名蓝：著名寺院。蓝，伽蓝，梵语译名，佛寺。

致欧阳晦夫（一通）

与欧阳晦夫 [343]　北归

愁霖终日，坐企谈晤，不审尊候佳否？《地狱变相》[344]已跋其后，可详味之，似有补于世者。并字数纸纳去。某所苦已平，无忧。闻少游恶耗，两日为之食不下，然来卒说得灭裂[345]，未足全信。非久，唐簿必有书来言。且夕话别，次仁人之馈，固当捧领。但以离海南，儋人争致赠遗，受之则若饕餮[346]然，所以一路俱不受。若至此独拜宠赐，则见罪者必众。谨命驰纳，千万恕察，仍寝[347]来耗，幸甚幸甚！

343 欧阳辟，字晦夫，广西灵川人，进士。曾学于梅尧臣。

344 多以为唐吴道子所作《地狱变相图》；苏轼甚佩服吴氏艺术。

345 灭裂：此指说话粗疏草率。

346 饕餮，tāotiè，古代神话传说中一种凶恶贪食的野兽。此处指贪婪。

347 寝：暂时搁置。

致潘彦明（二通）

答潘彦明

辱书，感慰无量！比日起居何如？别来不觉九年，衰病有加，归休何日？往来纷纷，徒有愧叹！知东坡甚葺治，故人仍复往还其间否？会合无期，临纸怅惘！

与潘彦明

东坡甚烦葺治，乳媪坟亦蒙留意，感戴不可言！令子各计安，宝儿想见顾然[348]矣。郭兴宗旧疾，必全平愈，酒坊果如意否？韩氏园亭，曾与葺乎？若果有亭榭佳者，可以小图示及，当为作名写牌，然非华事者，则不足名也。张医博计安胜。一场灾患，且喜无事。风颠不少减否？何亲必安，竹园复增葺否？以上诸人，各为再三申意。仆暂出苟禄[349]耳，终不久客尘间，东坡不可令荒茀[350]，终当作主，与诸君游，如昔日也。愿遍致此意。

348 顾然：长高；顾：长。

349 苟取官俸，自谦语。

350 荒茀：荒芜。茀：草多。

致庞安常（一通）

答庞安常[351]

人生浮脆[352]，何者为可恃？如君能著书传后有几？念此，便当为作数百字，仍欲送杭州开板[353]也。知之。

351 庞安常：名医，东坡友。

352 浮脆：空虚脆弱。

353 开板：制版印刷。

致蒲传正（一通）

与蒲传正[354]

千乘侄屡言大舅全不作活计，多买书画奇物，常典钱使，欲老弟苦劝公。卑意亦深以为然。归老之计，不可不及今办治。退居之后，决不能食淡衣粗，杜门绝客，贫亲知相干，决不能不应副。此数事岂可无备？不可但言我有好儿子，不消与营产业也。书画奇物，老弟近年视之，不啻如粪土也。纵不以鄙言为然，且看公亡甥面，少留意也！

354 蒲宗孟，字传正，曾出任杭州，生活奢侈。

致蒲诚之（一通）

与蒲诚之　凤翔

某启：闻轩马已至多时，而性懒作书，不因使赍[355]手教来，虽有倾渴[356]之心，终不能致一字左右也。悚愧！悚愧！盛热殊不可过，承起居佳裕，甚喜！甚喜！某比并无恙，京师得信亦安。但近得山南书，报伯母于六月十日倾背，伯父之丧，未及一年，而灾祸仍重如此，何以为心？家兄惟三哥在左右，大哥、二哥必取次一人归山南，谋扶护[357]还乡也。人生患难，至有如此极者，烦恼！烦恼！知郡事颇简，足以寻绎[358]旧学也。同僚中有可与相处而乐者否？新牧、倅[359]皆在此，常相见，恐知悉。残暑，更冀[360]顺时自重。

355 赍，jī，送人。

356 倾心若渴。

357 扶护：扶灵护柩。

358 寻绎，xúnyì，反复探索，解释推求。

359 倅：泛指副官。牧，泛指主官。

360 冀：希望。

致千之（苏千之）（二通）

与千之侄　京师

　　独立不惧者，惟司马君实与叔兄弟耳！万事委命，直道而行，纵以此窜逐³⁶¹，所获多矣。因风寄书，此外勤学自爱。近来史学凋废，去岁作试官，问史传中事，无一两人详者。可读史书，为益不少也。

361 窜逐：放逐，流放。

与千之³⁶²侄

　　必强侄近在泗州³⁶³，得书，喜知安乐。房眷子孙各无恙。秋赋又不利，老叔甚失望。然慎勿动心，益务积学而已。人苟知道，无适而不可，初不计得失也。闻侄欲暂还乡，信否？叔舟行几一年，近于阳羡³⁶⁴买得少田，意欲老焉。寻奏乞居常，见邸报，已许。文字必在南都。此行略到彼，葬却老奶二姨。子由干奶也。住二十来日，却乘舟还阳羡。侄能来南都一相见否？叔甚欲一往见传正，自惟罪废之余，动辄

362 苏千之，东坡侄辈。

363 泗州：安徽泗县。

364 阳羡：江苏宜兴县。

累人，故不果尔。甚有欲与侄言者，非面不尽，想不惮[365]数舍之远也。寒暖不定，惟万万自爱！

致钱济明（三通）

与钱济明　定州

别后至今，遂不上问，想察其家私忧患也。远辱专使手书，且审侍奉起居康胜，感慰兼极！老妻奄忽，今已半年。衰病岂复以此汩缠。但晚景牢落，亦人情之不能免。重烦慰谕，铭佩至意。然公亦自有爱女之戚，初不知，奉疏后时，惭负不已！出守中山[366]，谓有缓带[367]之乐，而边政颓坏，不堪开眼，颇费锄治。近日逃军衰止，盗贼皆出疆矣。幕客得李端叔，极有助。闻两浙连熟，呻吟疮痍，遂一洗耳。何时会合，临书惘惘！

365 惮：畏忌。

366 中山：河北定州。东坡曾任定州知州。

367 缓带：放松腰带；放轻松。

答钱济明　惠州

　　专人远辱书，存问加厚，感悚无已！比日郡事余暇，起居何如？某到贬所，阖门省愆[368]之外，无一事也。瘴乡风土，不问可知，少年或可久居，老者殊畏之；唯绝嗜欲，节饮食，可以不死。此言已书诸绅矣。余则信命而已！近来亲旧书问已绝，理势应尔。济明独加于旧，高义凛然，固出天资，但愧不肖何以得此？会合无期，临纸怆恨！

368 省愆：反省自己罪错。

答钱济明　北归

　　某忽又闻公有闺门之戚，悲悼不已。贤淑令人[369]，久同忧患，乍失内助，哀毒[370]何堪！然人生此苦，十人而九，结发偕老，殆无而仅有也。惟深照痛遣，勿留胸次[371]。令子哀疚难堪，惟当勉为亲庭节减摧慕[372]。本欲作慰疏，适旅中有少纷扰，灯下倦怠，不能及也。千万恕察。某若住常，即自与公相聚；若常不可居，亦须到润[373]与程德儒相见。公若枉驾一至金山，又幸也。

369 令人：命妇的封号；品德美好的人。

370 哀毒：大哀大痛。

371 胸次：胸怀，心情。

372 摧慕：摧毁身体，因为思念去世的亲人。节减摧慕，大意为节哀顺变。

373 润州，江苏镇江。

致钱世雄（一通）

与钱世雄　黄州

久不奉书，盖无便，亦懒惰之罪，未深讶否？比日起居何如？某与贱累如常。曾托施宣德附书及《遗教经》[374] 跋尾，必达也。吴江[375] 宦况如何？僚有佳士否？垂虹[376] 闻已复旧，信否？旅寓不觉岁复尽，江上久居益可乐，但终未有少田，生事漂浮无根耳！儿子明年二月赴德兴[377]，人口渐少，当稍息肩，余无可虑。会合何时？万万白爱。因便往二衢[378]，奉启。

致钱志仲（一通）

与钱志仲　北归

某去此不复滞留，至安居处，当缕细驰问[379]，不敢外，辄用手启，恃深眷也，乌丝[380] 当用写道书一篇，非久纳上。恶诗不足录也。事简客稀，高堂清风，有足乐者。想时复见念耶？吉州[381] 幕柳致与之久，故知其吏干过人，不能和众，多获嫌忌，然其实无他也。憔悴将

374《遗教经》：佛家经典，谓佛遗言汇集。史传王羲之曾书此卷，为书法名作。

375 江苏吴江县。

376 垂虹：吴江有垂虹桥，垂虹亭。

377 德兴：江西德兴县。

378 三衢：浙江衢州。

379 驰问：迅速报书问候。

380 乌丝栏：一种画有黑色界格的名贵纸张。

381 江西吉安。

老矣！念非大度盛德，孰能收而用之？试以众难，必有可观者。药有毒，乃能已疾；马不蹄啮，多拙于行。惟深念才难，勿责全也。若公遂成就之，此子极有可采，必为门下用。恃明照愔言，死罪！死罪！

致秦少游（一通）

与秦少游　儋耳

　　某已封书讫，乃得移廉[382]之命，故复作此纸。治装十日可办，但须得泉人许九船，即牢稳可恃，余蜑舟多不堪。而许见在外邑未还，须至少留待之，约此二十五六间可登舟。并海岸行一日，至石排，相风色过渡，一日至递角场[383]。但相风难刻日尔！已有书托吴君雇二十壮夫来递角场相等，但请雇下，未要发来，至渡海前一两日，当别遣人去报。若得及见少游，即大幸也。今有一书与唐君，内有儿子书，托渠转附去，料舍弟已行矣。余非面莫究。

382 廉州：广东合浦。

383 递角场：宋时驿递转运之所。

致清隐老师（一通）

与清隐老师

净因³⁸⁴之会，茫然如隔生矣！名言绝境，寤寐不忘。何日得脱缨绊³⁸⁵，一闻笑语？思渴！思渴！

致孙叔静（三通）

与孙叔静

　　昨日辱临顾，夙昔之好，不替有加，感叹深矣！属饮药汗后，不可以风[386]，未即诣谢。又枉使旌[387]，重增悚惕。捧手教，且审尊体佳胜。旦夕造谒，以究所怀。

386 风：受风寒。

387 枉使旌：白白劳驾来访；客套语。

与孙叔静　北归

　　已别，瞻企不去心。辱手教，且审佳胜，感慰之极。早来，风起，舟不敢解[388]，故复少留，因来净惠[389]，与惠州三道人语耳。无缘重诣，临纸惋怅。

388 解：解缆，开船。

389 净惠寺。

又

　　眉山[390]人有巢谷者，字元修，曾应进士武举，皆无成。笃于风义，已七十余矣！闻某谪

390 四川眉山县，东坡家乡。

391 广东新兴。

392 藁殡: 草草下葬。

393 须: 等待。

海南，徒步万里，来相劳问，至新兴[391]病亡。官为藁殡[392]，录其遗物于官库。元修有子蒙，在里中，某已使人呼蒙来迎丧，颇助其路费，仍约过永而南，当更资之。但未到耳，旅殡无人照管，或毁坏暴露，愿公愍其不幸。因巡检至其所，特为一言于彼守令，得稍治其殡，常戒主者保护之，以须[393]其子之至，则恩及存亡耳。死罪！死罪！

致苏伯固（四通）

答苏伯固[394]　北归

394 苏坚，字伯固。

395 江西赣县。

396 即: 靠近；此指访问。

397 舒，舒州；常，常州。

398 颍昌: 河南许昌。

399 保啬: 保养珍重。

人至，辱书，承别后起居佳胜，感慰深矣。念亲怀旧之心，何时可以易此？顾未有以为计，当且少安之。神明知公心如此，当自有感应。非久见师，是当谋之。某留虔州[395]已四十日，虽得舟，犹在赣外，更五七日，乃乘小舫往即[396]之，劳费百端。又到此长少卧病，幸而皆愈，仆卒死者六人，可骇！住处非舒则常[397]，老病惟退为上策。子由闻已归至颍昌[398]矣。会合何日？万万保啬[399]！

又 北归

　　某凡百如昨，但抚视《易》《书》《论语》三书，即觉此生不虚过，如来书所谕，其他何足道！三复诲语，钦诵不已！寄惠钟乳[400]及檀香，大济要用[401]，乳已足剩，不烦更寄也。感愧之至！江晦叔已到。霍子侔[402]往太和[403]听命。三儿子促装登舟，未暇上状。《春晦亭记》亦以忙未暇作，少间，当为作也。令子疾知减退，可喜可喜！

400 石钟乳，可入药。

401 要用：具有重要用途之物。

402 侔，móu，等同。

403 太和：江西泰和县。

又 北归

　　住计龙舒[404]为多，大盆如命取去，为暑中浮瓜沉李[405]之一快也。《论语说》[406]得暇当录呈。源、修二老，行当见之，并道所谕也。到虔州日，往诸刹[407]游览，始见中原气象，泰然不肉而肥矣！何时得与公久聚，尽发所蕴相分付耶？龙舒闻有一官庄可买，已托人问之。若遂，则一生足食杜门矣。灯下倦书，不尽所怀。

404 安徽舒城县南有龙舒河；代指舒城。

405 瓜果放入冷水盆中。

406 东坡所作的《论语》解说。

407 刹：佛寺。梵语译名，本意为佛寺所立旗竿。

答苏伯固　北归

辱书劳问愈厚，实增感慨，兼审尊体佳胜。今日到金山寺下，虽极艰涩，然尚可寸进，则且乘大舟，以便幼累[408]。必不可前，则固不可辞小艇也。余生未知所归宿，且一切信任，乘流得坎[409]，行止非我也。离英州[410]日，已得玉局[411]敕，感恩之外，实荷余庇。得来示，又知少游乃至如此。某全躯得还，非天幸而何！但益痛少游无穷已也！同贬死去大半，最可惜者，范纯父及少游，当为天下惜之，奈何！奈何！子由想已在巴陵[412]，得宫观指挥，计便沿流还颍昌。某行无缘追及。昨在途中，风闻公下痢[413]，想安复[414]矣。

致苏子平（一通）

答苏子平先辈

违别滋久，思咏不忘。中间累辱书教，久不答，知罪！知罪！远烦专使手书劳问，且审比日起居佳安，感慰殊甚！书词华润，字法精

408 幼累：年幼的儿女。

409 乘流得坎：乘流则逝，得坎则止；势能行则行，遇到险阻就停止。坎，卦名。

410 广东英德。

411 玉局：本为道观名，后用为官职名。宋徽宗登基，封苏轼为玉局观提举。

412 巴陵：湖南岳阳。

413 下痢：痢疾。

414 安复：病愈，复原。

美，以见穷居笃学，日有得也。某凡百粗遣，厄困既久，遂能安之。昔时浮念杂好，扫地尽矣！何时会合，慰此惘惘。

致宋汉杰（一通）

与宋汉杰 [415]　北归

某初仕，即佐先公，蒙顾遇之厚，何时可忘？流落阔远，不闻昆仲息耗 [416]，每以惋叹！辱书累幅，话及畴昔 [417]，良复慨然！三十余年矣，如隔晨耳，而前人凋丧略尽，仆亦仅能生还。人世一大梦，俯仰百变，无足怪者。唐辅令兄今复何在？未及奉书，因信略道区区。某只候水来即行矣。余留面尽。

415 宋汉杰：北宋名画家。

416 息耗：消息，音讯。

417 畴昔：往昔。

致滕达道（九通）

与滕达道

某到此，时见荆公[418]，甚喜，时诵诗说佛也。公莫略往一见和甫[419]否？余非面莫能尽。某近到筠[420]见子由[421]，他亦得旨指射近地差遣，想今已得替矣。吴兴风物，足慰雅怀。郡人有贾收耘老者，有行义，极能诗，公择[422]、子厚皆礼异之，某尤与之熟，愿公时顾，慰其牢落也。近过文肃公楼，徘徊怀想风度不能去。某至楚、泗间，欲入一文字乞于常州住。若幸得请，则扁舟谒公有期矣。

又

闻张郎已授得发勾，春中赴任，安道[423]必与之俱来。某若得旨，当与之同舟而南，穷困之中，

一段乐事，古今罕有也。不知遂此意否？秦太虚[424]言，公有意拆却逍遥堂[425]横廊。窃

418 荆公：王安石，字介甫，号半山，封荆国公。

419 王安礼，字和甫，王安石之弟。

420 筠州，今江西高安；当时苏辙任职于此地。

421 苏辙，字子由，东坡之弟。

422 李常，字公择。

423 张方平，字安道，南京人；《宋史》有传。

424 秦观，字少游，又字太虚；又别号邗沟居士、淮海居士，世称淮海先生。

425 逍遥堂，在徐州。

谓宜且留之，想未必尔，聊且言之。明年见公，当馆于此。公雅度宏伟，欲其轩豁 [426]，卑意又欲其窈窕 [427] 深密也。如何？不罪。四声可罢之，万一浮沉，反为患也。幸深思之。不罪。

> 426 轩豁：高且开阔。
>
> 427 窈窕：幽深。

又

某再启：前蒙惠建茗 [428]，甚奇，醉中裁谢 [429] 不及，悚愧之极。本州见阙，不敢久住。远接人到便行，会合邈未有期，不免怅惘。舍弟召命，盖虚传耳。君实恩礼既异，责望又重。不易，不易！某旧有《独乐园诗》云："儿童诵君实 [430]，走卒知司马。持此将安归？造物不我舍。"今日类诗谶 [431] 矣。见报中宪 [432] 言玉汝右揆 [433]，当世见在，告必知之。京东有干，幸示谕。

> 428 建茗：建州所产名茶。
>
> 429 裁谢：写信感谢。
>
> 430 司马光，字君实。
>
> 431 谶，chèn，将要应验的预言或预兆。
>
> 432 中宪：官名，唐代指中丞。
>
> 433 右揆：右丞相。揆，测量，管理；此指宰相之位。

又

某闲废无所用心，专治经书，一二年间欲了《论语》《书》《易》，舍弟亦了却《春秋》《诗》。虽拙学，然自谓颇正古今之误，粗有益于世，瞑目无憾。往往又笑不会取快活，是措大[434]余业。闻令子手笔甚高，见其写字，想见其人超然者也。

434 措大：古称文士之流。后多称酸腐文人。

与滕达道　黄州

某启：知前事尚未已，言既非实，终当别白，但目前纷纷众所共悉也。然平生学道，专以待外物之变，非意之来，正须理遣耳。若缘此得蹔休逸，乃公之雅意也。黄[435]当江路，过往不绝，语言之间，人情难测，不若称病不见为良计。二年不知出此，今始行之耳。西事[436]得其详乎？虽废弃，未忘为国家虑也。此信的可示其略否？书不能尽区区。

435 黄州。

436 西事：西部边疆事。

又

示喻宜甫梦遇，于传有无。某闻见不广，何足以质[437]？然冷暖自知，殆未可以前人之有无为证也。自闻此事，而士大夫多异论，意谓中途必一见，得相参扣，竟不果。此意众生流浪火宅[438]，缠绕爱贼[439]，故为饥火所烧。然其间自有烧不着处，一念清净，便不服食，亦理之常，无足怪者。方其不食，不可强使食，犹其方食，不可强使之不食也。此间何必生异论乎？愿公以食不食为旦暮，以仕不仕为寒暑，此外默而识之。若以不食为胜解[440]，则与异论者相去无几矣。偶蒙下问，辄此奉启而已。不罪。

437 质：证明，证实。

438 火宅：佛家语，意为三界多苦，如在起火之宅舍。

439 爱贼：佛家语，意为爱欲害人如贼。

440 胜解：佛家语，意为坚定的信念。

与滕达道　扬州

少恳布闻，不罪！某好携具野饮，欲问公求红朱累子[441]两桌二十四隔者，极为左右费，然遂成藉草之乐，为赐不浅也。有便，望颁示。悚息！悚息！某感时气，卧疾逾月，今已全安。但幼累更卧，尚纷纷也。措道人名世昌，绵竹人，多艺。然可闲考验，亦足以遣遗也。留此几一年，与之稍熟，恐要知。

441 累子：多层食盒。

又　扬州

某再启：近在扬州入一文字[442]，乞常州住，如向所面议。若未有报，至南都当再一入也。承郡事颇烦齐整，想亦期月之劳尔。微疾虽无大患，然愿公无忽之，常作猛兽、毒药、血盆、脓囊观乃可，勿孤吾党之望，而快群小[443]之志也。情切言尽，恕其拙，幸甚。所有二赋，稍晴写得寄上。次只有近寄潘谷求墨一诗，录呈可以发笑也。衲衣寻得，不用更寻。累卓感留意，悚怍之甚。甘子已拜赐矣。北方有干，幸示谕。

442 写折子上奏皇帝。

443 众小人。

又

某启：一别十四年，流离契阔[444]，不谓复得见公。执手恍然，不觉涕下！风俗日恶，忠义寂寥，见公使人，差增气也！别来情怀不佳，忽得来教，甚解郁郁。且审起居佳胜为慰。某以少事，更数日方北去。宜兴[445]田已问去，若得稍佳者，当扁舟径往视之，遂一至湖[446]。见公固所愿，然事有可虑者，恐未能往也。若得请居常，则固当至治下搅挠公数月也。未间，惟万万为时自重。

444 契阔：久别重逢，离合聚散。

445 江苏宜兴，东坡曾想定居于此。

446 湖州。

致通长老（四通）

答水陆通长老[447] 密州

　　近过苏台[448]，不得一见而别，深为耿耿！专人来，辱书，且喜法履清胜。某到此旬日，郡僻事少，足养衰拙。然城中无山水，寺衰朴陋，僧粗野，复求苏杭湖山之游，无复仿佛矣！何日会集，慰此牢落[449]？唯万万自重。

447 通长老：苏州水陆院的和尚。

448 苏台：姑苏台，又名胥台，在苏州西南姑苏山上。代指苏州。

449 牢落：萧条寂寞。

又　密州

　　《三瑞堂诗》已作了，纳去。恶诗竟何用？是家求之如此其切，不敢不作也。惠及温柑[450]甚奇，此中未尝识也。枣子两笔，不足为报，但此中所有只此耳。单君贶必常相见，路中屡有书去。久望来书，且请附密州递寄数字，告为速达此意！

450 温柑：温州所产柑。

又 密州

别后一向冗忙，有疏奉问。叠辱手教，愧悚良深！仍审履兹初凉，法体增胜为慰。承开堂[451]未几，学者日增。吾师久安闲独，迫于众意，无乃少劳，然以济物为心，应不计劳逸也！未缘奉谒，千万珍重！人还，布谢。

又 密州

且说与姚君勿疑讶，只为自来不受非亲旧之馈，恐他人却见怪也。元伯昆仲，因见各为致恳。

乍到，未及奉书。

451 开堂：佛家指高僧升堂说法。

致王定国（四通）

答王定国　颍州

辱书，感慰。谤焰已熄，端居委命，甚善！然所云百念灰灭，万事懒作，则亦过矣！丈夫功名，在晚节者甚多，定国岂愧古人哉！某未尝求事，但事来，即不以大小为之。在杭所施，亦何足道？但无愧怍而已！过蒙示谕，惭汗！若使定国居此，所为当更惊人，亦岂特止此而已。本州职官董华，密人，能具道政事，叹服不已，但恨公命未通尔！静以待之，勿令中途龃龉，自然获济。如国手棋，不须大段用意，终局便须赢也。

答王定国 [452]

辱惠书，并新诗妙曲，大慰所怀。河冻胶舟，咫尺千里，意思牢落可知。得此佳作，终日喜快，滞闷冰释，幸甚！近在常，置一小庄子，岁可得百石，似可足食。非不知扬州之美，

[452] 王巩，字定国，王旦之孙，东坡友生。

穷猿投林，不暇择木也。承欲一相见，固鄙怀
至愿，但不如彼此省事之为愈也。

又

御瘴之术，惟绝欲、练气一事。本自衰晚
当然，初不为瘴而作也。其余坦然无疑，鸡猪
鱼蒜，

遇着便吃，生老病死，符到奉行，此法羌
似简径也。君实[453]尝云："王定国瘴烟窟里五
年，面如红玉。"不知道，能如此否？老人知道，
则不如尔，顽愚即过之。先帝升遐[454]，天下所
共哀慕，而不肖与公蒙恩尤深，固宜作挽词，
少陈万一。然有所不敢者耳！必深察此意。
无状罪废，众欲置之死，而先帝独哀之。而今
而后，谁复出我于沟壑者？归耕没齿而已矣！

453 司马光，字君实。

454 升遐：飞升上天；指
君王死。

又

　　近绝少过临，宾客知其衰懒，不能与人为轻重。见顾者渐少，殊觉自幸。昨日偶见子华，嗟叹老弟之远外[455]，蒙嘱，闻过必相告。吾弟大节过人而小事亦不经意，正如作诗，高处可以追配古人，而失处亦受嗤于拙目。薄俗正好点检人小疵，不可不留意也。

致王庆源（六通）

与王庆源

　　远沐寄示，老手高风，咏叹不已！甚欲和谢，公私纷纷，少暇，竟未果，悚悚！七八两秀才各计安，为学想日益，早奋场屋[456]，慰亲意也！知宅酝甚奇，日与蔡子华、杨君素聚会，每念此，即致仕[457]之兴愈浓也。示谕要画，酒后信手，岂能复佳？寄一扇、一小轴去，作笑耳。

455 远外：疏远，不亲密。

456 场屋：科举考试场所。

457 致仕：辞官退休，归隐。

与王庆源

近奉慰疏必达。比日尊体何如？某与幼弱，凡百粗遣。人生悲乐，过眼如梦幻，不足追，惟以时自娱为上策也。某名位过分，日负忧责，惟得幅巾[458]还乡，平生之愿足矣！幸公千万保爱，得为江边携壶藉草[459]之游，乐如之何！

与王庆源　密州

陵州[460]递中辱书及诗，如接风论，忽不知万里之远也！即日履兹秋暑，尊候何似？某此粗遣，虽有江山风物之美，而新法严密，风波险恶，况味殊不佳。退之所谓"闲居食不足，从官力难任。两事皆害性，一生长苦心"，正谓此矣。知叔丈年来颇窘，此事有定分。但只以安健无事，多子孙为乐，亦可自遣。何时归休，得相从田里？但言此，心已驰于瑞草桥[461]之西南矣。秋暑，更冀以时珍重！

又　密州

　　高密[462]风土食物稍佳。但省租公库减削，索然贫俭。始至，值岁饥，人豪剽劫[463]无虚日。凡督捕奸凶五七十人，近始肃然，斗讼颇简。稍葺治园亭，居之，亦粗可乐。但时登高，西南引领，即怅然终日！近稍能饮酒，终日可饮十五银盏。他日粗可奉陪于瑞草桥路上，放歌倒载也。

462 高密：密州。

463 剽劫，piāojié，抢劫；亦作"剽刦"。

答王庆源　登州[464]还朝

　　令子两先辈，必大富学术，非久腾踔[465]矣。五五哥、五七哥及十六郎，临行冗迫，不果拜书，因见，道意。登州下临涨海，枕簟之下，天水相连，蓬莱三山[466]，仿佛可见。春夏间常见海市[467]，状如烟云，为楼观人物之象。数日前偶见之，有一诗录呈为笑也。史三儒长老近蒙书，冗中未及答，因见，乞道区区。《海市》诗可转呈也。京师有干，乞示下。

464 登州：山东蓬莱。

465 腾踔：跳起凌空；飞黄腾达。踔，chuō。

466 古书称，渤海中有蓬莱、方丈、瀛洲三神山。

467 海市蜃楼。

与王庆源　黄州

窜逐以来，日欲作书为问。旧既懒惰，加以闲废，百事不举，但惭怍而已！即日体中何如？眷爱各佳？某幼累并安。但初到此，丧一老乳母，七十二矣，悼念久之，近亦不复置怀。寓居官亭，俯迫大江，几席之下，云涛接天，扁舟草履，放浪山水间。客至，多辞以不在，往来书疏如山，不复答也。此味甚佳，生来未尝有此适，知之免忧。近文郎行，寄纸笔与丛郎，到甚迟也。未缘会面，惟万万自爱！

致王敏仲（四通）

与王敏仲　惠州

某垂老投荒[468]，无复生还之望。昨与长子迈[469]诀，已处置后事矣！今到海南，首当作棺，次便作墓，仍留手疏与诸子，死即葬于海外。庶几延陵季子[470]嬴博[471]之义，父既可施之子，子独不可施之父乎？生不挈家[472]，死不扶柩[473]，此亦东坡之家风也。此外燕坐[474]寂照[475]而已。

468 此处指远贬荒远之地。

469 长子苏迈。

470 季子，春秋时吴国大臣季札。

471 嬴博，嬴博，春秋时齐国的两个邑名。《礼记·檀弓下》："延陵季子适齐，于其返也，其长子死。葬于嬴博之间。"后以"嬴博"代指葬于异乡。

472 携带家眷。

473 护送灵柩。

474 燕坐：安坐，闲坐。

475 寂照：禅宗语；寂，寂静；照，照鉴。智之本体为空寂，有观照之用。此谓坐禅。

所云途中邂逅，意谓不如其已，所欲言者，岂有过此者乎？故靦缕[476]此纸，以代面别。

476 靦缕，luólǚ，本意为弯弯曲曲；此处谓详述事情原委。

又　惠州

某再启：林医遂蒙补授，于旅泊[477]衰病，非小补也。又工小儿、产科。幼累将至，且留调理，渠[478]欲往谢，未令去也，乞不罪。治瘴止用姜、葱、豉三物浓煮热呷，无不效者。而土人不知作豉，又此州无黑豆，闻五羊[479]颇有之，便乞为致三石，得为作豉[480]，散饮病者。不罪！不罪！

477 旅泊：行旅漂泊。

478 渠：他。

479 五羊城，即广州。

480 豉，chǐ，豆豉，用熟的黄豆或黑豆发酵制成。

答王敏仲　惠州

春候清穆，切惟抚驭[481]多暇，起居百福，甘雨应期，远迩滋洽，助喜慰也。某凡百粗遣，适迁新居，已浃[482]旬日，小窗疏篱，颇有幽趣。贱累亦不久到矣。未期瞻奉，万万为国自重。

481 抚驭：安抚，统驭；指为官御民。

482 浃，浃日，古代以干支纪日，从甲至癸一周十天为浃日。旬日，也是指十天。

又　惠州

两蒙赐教，感慰深至。曾因周循州[483]行，奉状，想已尘览。即日台候何如？越人事嬉游，盛于春时，高怀俯就，想复与众同之。天色澄穆，亦惟此时也。莫缘陪后乘[484]，西望增慨。

483 循州：今广东惠阳。周循州，州长官姓周，称周循州。

484 后乘：随从车马。乘，shèng。

致王商彦（一通）

答王商彦　惠州

忝亲戚之末，未常修问左右，又方得罪屏居，敢望记及之？专人远来，辱笺教累幅，称述过重，慰劳加等，幸甚！即日履兹秋暑，尊体何如？某仕不知止，临老窜逐，罪垢增积，玷污亲友。足下昆仲，曲敦风义，万里遣人问安否，意其可忘？书词雅健，陈义甚高，但非不肖所称也。蜀、粤相望天末，何时会合，临书惘惘！未审受任何地。来岁科诏，竚闻[485]峻擢[486]，以慰愿望。未间，更冀若时自重。

485 竚闻：肃立恭听；敬闻。竚，zhù，同"伫"，长时间站立。

486 峻擢：高升提拔。

致王文甫（一通）

与王文甫　黄州

　　数日不审尊候何如？前蒙恩量移汝州[487]，比欲乞依旧黄州住，细思罪大责轻，君恩至厚，不可不奔赴。数日念之，行计决矣。见已射得一舟，不出此月下旬起发，沿流入淮，泝汴至雍丘、陈留[488]间，出陆，至汝。劳费百端，势不得已。本意终老江湖，与公扁舟往来，而事与心违，可胜慨叹。计公闻之，亦凄然也。甚有事欲面话，治行殊未集，冗迫之甚，公能三两日间特一见访乎？至望！至望！元弼药并书，乞便与送达。三五日间，买得瓷器，更烦差人得否？

致王元直（一通）

与王元直　黄州

　　黄州真在井底！杳不闻乡国信息，不审比日起居何如？郎娘各安否？此中还百粗遣，江上弄水挑菜，便过一日。每见一邸报[489]，须数

487 河南临汝。

488 河南二地名，杞县、陈留。

489 邸报：朝中流传的公报。

490 款段：行动迟缓。

491 迅疾飘忽；此处指突然死去。

人下狱得罪。方朝廷综核名实，虽才者犹不堪其任，况仆顽钝如此，其废弃固宜。但有少望，或圣恩许归田里，得款段[490]一仆，与子众丈、杨文宗之流往来瑞草桥，夜还何村，与君对坐庄门，吃瓜子、炒豆，不知当复有此日否？存道奄忽[491]，使我至今酸辛，其家亦安在？人还，详示数字。余惟万万保爱。

致王幼安（一通）

答王幼安　北归

492 庑，wǔ，堂下周围的走廊、廊屋。

493 填沟壑：人死被埋；指死亡。

494 伏腊：伏日，夏；腊日，冬。秦汉时以伏腊节日，此指逢年过节。

蒙示谕过重，虽爱念如此，然忧患之余，未忘忧畏。朋友当思有以保全之者，过实之誉，愿为掩讳之也。许暂假大第，幸其幸甚！非所敢望也。得托庇偏庑[492]，谨不敢薰污。稍定居，当求数亩荒隙，结茅而老焉。若未即填沟壑[493]，及见伯仲功成而归，为乡里房舍客，伏腊[494]相劳问，何乐如之！余非面莫究。

致惟琳（二通）

与径山长老惟琳[495]　常州

　　卧病五十日，日以增剧，已颓然待尽矣！两日始微有生意[496]，亦未可必也。适睡觉[497]，忽见刺字，惊叹久之。暑毒如此，岂耆年[498]者出山旅次时耶？不审比来眠食何如？某扶行不过数步，亦不能久坐，老师能相对卧谈少顷否？晚凉，更一访。

495 惟琳：径山寺僧人，东坡好友，陪护东坡去世。

496 生意：气力，生命力。

497 睡觉：睡醒。觉，醒。

498 耆年：老年人。耆，qí，古称 60 岁人。

又　常州

　　岭南万里不能死，而归宿田野，遂有不起之忧，岂非命也夫！然生死亦细故耳，无足道者，惟为佛为法为众生自重！

致文与可（一通）

与文与可[499]　徐州

499 文同，字与可，宋大画家，善竹，因出任湖州，史称"文湖州"；东坡表兄。

500 朝堂，朝廷。

501 桂玉之地，指京城；桂玉，柴贵如桂，米贵灵玉；言生活成本之高。

502 彭城，江苏徐州。

　　与可抱才不试，循道弥久，尚未闻大用。公议不厌，计当在即，然廊庙[500]间谁为恤公议者乎？老兄既不计较，但乍失为郡之乐，而有桂玉[501]之困，又却不见使者嘴面，得失相乘除，亦略相当也。彭门[502]无事，甚可乐。但未知今夏得免水患否？子由频得书，甚安。示谕秋冬过亲，甚幸甚幸！令嗣昆仲，各计安胜，为学想皆成就矣。

致吴秀才（一通）

与吴秀才　黄州

503 洒然：惊讶。

504 典刑：可资引用的过去的案例。

505 璀璨：玉放光明。

506 胜侣：好伴，佳友。

　　某启：相闻久矣，独未得披写相尽，常若有所负。罪废沦落，屏迹郊野，初不意舟从便道，有失修敬。不谓过予，冲冒大热，间关榛莽，曲赐照顾，一见洒然[503]，遂若平生之欢。典刑[504]所钟，既深叹仰，而大篇璀璨[505]，健论抑扬，盖自去中州，未始得此胜侣[506]也！钦佩不已，俯求衰晚，何以为对？送别堤下，恍然如梦，觉陈迹具存，岂有所遇而然耶？留示珠玉[507]，正快如九鼎[508]之珍，徒咀嚼一脔[509]，宛转而不忍下咽也。未知舟从定作几日计？早晚过金陵，当得款奉。

507 珠玉：此指美好的文章。

508 九鼎：传说夏禹所铸的九个大鼎，象征九州即整个中国。

509 脔：切成块的肉。

致吴子野（四通）

答吴子野　黄州

济南境上为别，便至今矣！其间何所不有？置之不足道也！专人来，忽得书，且喜乡居安稳，

尊体康健。某到黄已一年半，处穷约[510]，故是宿昔所能，比来又加便习。自惟罪大罚轻，余生所得，君父之赐也。躬耕渔樵，真有余乐。承故人千里问讯，忧恤之深，故详言之。何时会合？临纸惘惘！

510 生活贫困简朴。

又　黄州

承三年庐墓[511]，葬事诚尽，又以余力葺治园亭，教养子弟，此皆古人之事业，所望于子野也。复览诸公诗文，益增愧叹！介夫素不识之，笔力乃尔奇逸耶！仆所恨近日不复作诗文，无缘少述高致，但梦想其处而已！子由不住得书，无恙。寄示墓志及诸刻，珍感！虞直讲[512]一帖，不类近世笔迹。可爱！可爱！近日始解畏口慎事，虽已迟，犹胜不悛[513]也。奉寄书简，且告勿入石[514]。至恳！至恳！

又　黄州

每念李六丈之死，使人不复有处世意。复一览其诗，为涕下也！黄州风物可乐，供家之物亦易致。所居江上，俯临断岸，几席之下，即是风涛掀天。对岸即武昌诸山，时时扁舟独往。若子野北行能迂路一两程，即可相见也。

511 庐墓: 结草庐于父母墓旁守孝三年。

512 直讲: 官职名。

513 悛: 改过。

514 刻石。

与吴子野　扬州

　　《文公庙碑》，近已寄去。潮州自文公未到，则已有文行之士如赵德者，盖风俗之美久矣！先伯父与陈文惠公相知，公在政府，未尝一日忘潮也。云："潮人虽小民，亦知礼义。"信如子野言也，碑中已具论矣。然谓瓦屋始于文公者，则恐不然。尝见文惠公与伯父书云："岭外瓦屋，始于宋广平 515，自尔延及支郡，而潮尤盛。鱼鳞鸟翼，信如张燕公 516 之言也。"以文惠书考之，则文公前已有瓦屋矣。传莫若实，故碑中不欲书此也。察之。

致温公（司马光）（二通）

与温公 517　徐州

　　春末，景仁 518 丈自洛还，伏辱赐教，副以《超然》519 雄篇，喜忭 520 累日。寻以出京无暇，比到官，随分纷纠，久稽裁谢，悚怍无已！比日，不审台候何如？某强颜忝窃 521，中所愧于左右者多矣。未涯瞻奉，惟冀为国自重。谨奉启问。

515 宋璟，唐玄宗时为相，封广平公。

516 张说，唐朝名臣，封燕国公。

517 温公：司马光，字君实，有《资治通鉴》等；封温国公。

518 范镇，字景仁，华阳人。

519 超然：苏轼知密州时，筑超然台，作文《超然台记》。

520 忭，biàn，拍手喜乐。

521 忝窃：辱居其位，愧得其名；自谦语。

522 味，玩味。

523 揆：度，思量。

524 彭城：徐州。苏轼从密州转任徐州。

525 侔，móu；通"牟"，取，求取。

526 岑寂：高而静；岑，山高。此意为寂寞孤独。

　　某再启：《超然》之作，不惟不肖附托以为宠，遂使东方陋州，为不朽之盛事，然所以奖与则过矣。久不见公新文，忽领《独乐园记》，诵味⁵²²不已。辄不自揆⁵²³，作一诗，聊发一笑耳。彭城⁵²⁴佳山水，鱼蟹侔⁵²⁵江湖，争讼寂然，盗贼衰少，聊可藏拙。但朋游阔远，舍弟非久赴任，益岑寂⁵²⁶矣。

与温公　黄州

527 穷乡僻壤；指黄州。

528 京洛：首都汴京与洛阳。

529 耗：消息。

530 不啻：不仅，不只。啻，chì。

531 芒背：芒刺在背，非常不安。

532 布褐藜藿：穿粗布衣，吃野菜饭。意为布衣蔬食，生活简单艰苦。

533 伏乞：跪地乞求，恳请；书信客套语。

　　谪居穷僻⁵²⁷，如在井底，杳不知京洛²⁵⁸之耗⁵²⁹，不审迩日寝食何如？某以愚暗获罪，咎自己招，无足言者。但波及左右，为恨殊深，虽高风伟度，非此细故所能尘垢，然某思之，不啻⁵³⁰芒背⁵³¹尔。寓居去江无十步，风涛烟雨，晓夕百变，江南诸山，在几席下，此幸未殆有也！虽有窘乏之忧，亦布褐藜藿⁵³²而已。瞻晤无期，临书惘然！伏乞⁵³³以时善加调护。

致鲜于子骏（一通）

与鲜于子骏⁵³⁴　徐州

　　忝厚眷，不敢用启状，必不深讶。所惠诗文，皆萧然有远古风味。然此风之亡也久矣！欲以求合世俗之耳目，则疏矣。但时独于闲处开看，未尝以示人，盖知爱之者绝少也。所索拙诗，岂敢措手？然不可不作，特未暇耳！近却颇作小词，虽无柳七郎⁵³⁵风味，亦自是一家。呵呵！数日前猎于郊外，所获颇多。作得一阕，令东州壮士抵掌顿足而歌之，吹笛击鼓以为节，颇壮观也！写呈，取笑。

致徐得之（四通）

答徐得之　惠州

　　张君来，辱书，存问周至，感激不已！即日哀慕⁵³⁶之余，孝履⁵³⁷如宜。某到惠已半年，凡百粗遣，既习其水土风气，绝欲息念之外，浩然无疑，殊觉安健也。儿子过颇了事，寝食

534 鲜于侁，字子骏。侁，shēn，人多。

535 著名词人柳永，世称柳七。

536 哀慕：哀恸于思慕亡亲。

537 孝履：居丧期间的起居行止。

538 广东惠州，江西筠州，河南许州，江苏常州四地。

539 邈然：遥远。

之余，百不知管，亦颇力学长进也。子由频得书，甚安。一家今作四处，住惠、筠、许、常[538]也，然皆无恙。得之见爱之深，故详及之，不须语人也。瞻企邈然[539]，临书惘惘。乍热，惟万万节哀，顺变自重。

与徐得之

昨日已别，情悰惘然！辱教，喜起居佳胜。风雨如此，淮浪如山，舟中摇撼，不可存济，亦无由上岸，但阖户拥衾耳！想来日亦未能行，若再访，幸甚！

又

540 不皇：不暇，不得空。皇，通"遑"。

得之晚得子，闻之喜慰可知。不敢以俗物为贺，所用石砚一枚送上。须是学书时矣。知似太早计，然俯仰间便自见其成立，但催迫吾侪日益潦倒尔！恐得之惜别，又复前去，家中阙人抱孩儿，深为不皇[540]。呵呵！

又

　　定省之暇，稍葺闲轩，箪瓢鸡黍，有以自娱，想无所慕于外也。闽中多异人，隐屠钓，得之不为簪组[541]所縻[542]，倘得见斯人乎？仆益衰老，强颜少留，如传舍耳！因风时惠问。

541 簪组：官吏服装规定。代指为官。

542 縻：系，牵绊。

致徐仲车（一通）

与徐仲车[543]

　　昨日既蒙言赠，今日又荷心送，盎然[544]有得，载之而南矣。辱手教，极荷厚爱。孔子所谓："忠焉能勿诲乎？"[545]当书诸绅[546]，寝食不忘也。

543 徐仲车，名积，山阳人，治平四年进士。

544 盎然：盛大。

545 见《论语·宪问》。

546 绅：衣服的大带。

致言上人（一通）

答言上人 [547]　黄州

　　去岁吴兴仓卒为别，至今耿耿！谪居穷陋，往还断尽。远辱不遗，尺书见及，感怍殊深！比日法体佳胜，札翰愈精健，诗必称是，不蒙见示，何也？雪斋清境，发于梦想。此间但有荒山大江，修竹古木，每饮村酒，醉后曳杖放脚，不知远近，亦旷然天真，与武林 [548] 旧游，未见议优劣也。何时会合，一笑，惟万万自爱。

致彦正（判官）（一通）

与彦正判官

　　古琴当与响泉、韵磬并为当世之宝，而铿金瑟瑟 [549]，遂蒙辍惠，报赐之间，赧汗 [550] 不已。又不敢远逆来意，谨当传示子孙，永以为好也。然某素不解弹，适纪老枉道 [551] 见过，令其侍者快作数曲，拂历铿然，正如若人 [552] 之语也。试以一偈 [553] 问之："若言琴上有琴声，放

547 言上人，僧人法言。

548 武林：杭州；得名于此地之武林山。

549 瑟瑟：风声。

550 赧：因惭愧而脸红。赧然汗下，惭愧流汗。

551 绕道。

552 若人：此人，那人。

553 佛家所作诗句。

在匣中何不鸣？若言声在指头上，何不于君指上听？"录以奉呈，以发千里一笑也。寄惠佳纸、名荈 554，重烦厚意，一一捧领讫，感怍 555 不已。适有少冗，书不周谨。

> 554 荈：晚采的茶；茶的老叶，粗茶。
>
> 555 怍：惭愧。

致杨济甫（二通）

与杨济甫　杭倅

久不奉书，亦少领来讯，思念不去心。不审即日起居佳否？眷爱各无恙。某比安健。官满本欲还乡，又为舍弟在京东，不忍连年与之远别，已乞得密州 556。风土事体皆佳，又得与齐州 557 相近，可以时得沿牒 558 相见，私愿甚便之。但归期又须更数年。瞻望坟墓，怀想亲旧，不觉潸然 559。未缘会面，惟冀顺候自重。

> 556 密州：山东诸城。
>
> 557 齐州：山东历城。
>
> 558 沿牒，yándié，官员随选补之文牒而调迁。牒，官府文书。
>
> 559 潸然：流泪不止。

答杨济甫 除丧还朝

某近领腊下教墨，感服眷厚，兼审起居佳胜。某比与贱累如常。舍弟差入贡院[560]，更半月可出。都下春色已盛，但块然独处，无与为乐！所居厅前有小花圃，课童种菜，亦少有佳趣。傍宜秋门[561]，皆高槐古柳，一似山居，颇便野性也。渐暖，惟千万珍重！

560 贡院：科举时乡试或会试之考场。

561 宜秋门：开封城门名。

致杨君素（一通）

与杨君素

某去乡二十一年，里中尊宿[562]，零落殆尽，惟公龟鹤不老，松柏益茂，此大庆也！无以表异，辄送暖脚铜缶一枚。每夜热汤注满，密塞其口，仍以布单裹之，可以达旦不冷也。道气想不假此，聊致区区之意而已。令子三七秀才及外甥十一郎，各计安。

562 尊宿：尊长，前辈。

致杨康功（一通）

与杨康功

　　两日大风，孤舟掀舞雪浪中，但阖户拥衾，瞑目块坐[563]耳。杨次公惠法酝[564]一器，小酌径醉。醉中与公作得《醉道士石诗》，托楚守寄去，一笑。某有三儿，其次者十六岁矣，颇知作诗，今日忽吟《淮口遇风》一篇，粗有可观，戏为和之，并以奉呈。子由过彼，可出示之，令一笑也。

563 块坐：块然而坐，独坐。

564 法酝：好酒。

致杨元素（一通）

与杨元素[565]

　　笔冻，写不成字，不罪不罪！舍弟近得书，无恙，不知相去几里，但递中书须半月乃至也！奇方承录示，感戴不可言，固当珍秘也。近一相识录得公所编《本事曲子》[566]，足广奇闻，以为闲居之鼓吹也。然切谓宜更广之，但嘱知识间令各记所闻，即所载日益广矣。辄献三事，更乞拣择，传到百四十许曲，不知传得足否？

565 杨绘，字元素。

566 杨绘编有《时贤本事曲子集》，多记词林故事。

致杨子微（四通）

与杨子微 [567]　北归

567 杨明，字子微；东坡友人杨济甫之子。

568 黄州。

569 广西梧州。

570 心如金石，信念坚固。

某如闻有移黄 [568] 之命，若果尔，当自梧 [569] 而广，须惠州骨肉到同往。计公昆仲扶护舟行当过黄，又恐公自湖南路，行不由江，即不过黄，不知某能及公前到黄乎？漂零江海，身非己有，未知归宿之地，其敢必会见之日耶？惟昆仲金石乃心 [570]，困而不折，庶几先公之风，没而不亡也。临纸哽塞，言不尽意。

又　北归

571 雷州：广东海康。

572 容南：广西容县南部。

573 昆仲：称呼别人兄弟的敬词；昆为哥哥，仲是弟弟。

574 秦观途中病死在藤州。

过雷州 [571]，奉书必达。到容南 [572]，知昆仲 [573] 皆苦瘴痢，又闻寻已痊损，不知即日如何？扶护哀苦，又须勉强开解，卑心忧悬，书不能尽。奉嘱之意，惟深察此心。哀哉少游 [574]！痛哉少游！遂丧此杰耶！赖昆仲之力，不至狼狈。某日夜前去，十六七间可到梧。若少留，一见尤幸。某到梧，当留以待惠州人至，同沂贺江也。速遣此人达书。

又　北归

永州[575]人来，辱书，承孝履粗遣，甚慰思望。比谓梧州追及，又将相从泝[576]贺，已而水干无舟，遂有番禺[577]之行。与公隔绝，不得一拜先公及少游之灵，为大恨！同贬先逝者十人，圣政日新，天下归仁，惟逝者不可返，如先公及少游，真为冀北之空[578]也，徒存仆辈何用？言之痛陨何及！某即度庾岭[579]，欲径归许昌，与舍弟处，必遂一见昆仲。未间[580]，惟万万强食[581]自重。

575 永州：湖南零陵。

576 泝：同"溯"，逆流而上。

577 番禺，pānyú，广州。

578 空：人才空乏。

579 大庾岭，五岭之一。

580 未间：未到其时。

581 强食：努力吃饭。

又　北归

某忽有玉局之除[582]，可为归田之渐矣。痛哲人[583]之亡，诵殄瘁之章[584]，如何可言？早收拾事迹，编次著撰，相见日以授也。处素因会，多方勉之，以不坠门户为急。监司无与相知者，及毛君亦不识，未敢发书。前路问人，有可宛转为言者，专在意也。漂流江湖，未能赴救，以为惭负。有银五两，为少游斋僧[585]，乞转与处素也。

582 除：拜受官位。

583 哲人：才智卓越的人。

584 殄瘁，tiǎncuì，穷困，凋谢；亦作"殄悴"。出《诗经·大雅·瞻卬》："人之云亡，邦国殄瘁。"

585 斋僧：请僧人作法事。

致元老（苏元老）（三通）

与元老[586] 侄孙 儋耳

元老侄孙秀才：屡得书，感慰！十九郎墓表，本是老人欲作，今岂推辞？向者犹作宝月志文，况此文义当作，但以日近忧畏愈深，饮食语默，百虑而后动，想喻此意也。若不死，终当作耳！近来须鬓雪白加瘦，但健及啖啜如故耳。相见无期，惟当勉力进道，起门户为亲荣。老人僵仆[587]海外，亦不恨也。

又 儋耳

侄孙元老秀才：久不闻问，不识即日体中佳否？蜀中骨肉，想不住得安信。老人住海外如昨，但近来多病，瘦悴，不复往日，不知余年复得相见否？循、惠不得书久矣！旅况牢落，不言可知。又海南连岁不熟，饮食百物艰难，及泉、广[588]海舶绝不至，药物、酱酢[589]等皆无，厄穷至此，委命而已！老人与过子相对，如两苦行僧耳！然胸中亦超然自得，不改其度，知

586 元老：苏元老，名在庭，东坡本家孙辈。

587 僵仆：僵硬倒地；死。

588 泉、广：泉州与广州。

589 酢，cù，同"醋"。

之，免忧。所要志文，但数年不死便作，不食言也。侄孙既是东坡骨肉，人所觑看。住京，凡百倍加周防，切祝切祝！今有书与许下诸子，又恐陈浩秀才不过许，只令送与侄孙，切速为求便寄达。余惟千万自重！

又　儋耳

　　侄孙近来为学何如？恐不免趋时。然亦须多读书史，务令文字华实相副，期于实用乃佳，勿令得一第后，所学便为弃物也。海外亦粗有书籍，六郎亦不废学，虽不解对义，然作文极俊壮，有家法。二郎、五郎见说亦长进，曾见他文字否？侄孙宜熟看前、后《汉书》及韩、柳[590]文。有便，寄近文一两首来，慰海外老人意也！

590 韩、柳：韩愈、柳宗元。东坡晚年极爱柳宗元。

致张朝请（五通）

与张朝请　儋耳

某启：兄弟流落，同造治下[591]，蒙不鄙遗，眷待[592]有加，感服高谊，悚佩不已！别来未几，思仰日深。比来起居何如？某已到琼，过海无虞，皆托余庇[593]。旦夕西去，回望逾远，后会无期，惟万万若时[594]自重，慰此区区！途次裁谢，草草，不宣。

又　儋耳

海南风物，与治下略相似。至于食物，人烟萧条之甚，去海康[595]远矣。到后，杜门默坐，喧寂一致也。蒙差人津送，极得力，感感。舍弟居止处，若得早成，令渠获一定居，遗物离人而游于独，乃公之厚赐也。儿子干事，未暇上状，不罪。某上启。

591 治下：管理之地。

592 照顾招待。

593 余庇：余荫庇护，即您的照顾关怀，礼貌语。

594 若时：此时，当时，时时。

595 广东海康县。

-116-

又　儋耳

　　某再启：闻已有诏命，甚慰舆议⁵⁹⁶，想旦夕登途也，当别具贺幅。某阙人写启状，止用手书，乞加恕也。子由荷存庇深矣，不易一二言谢也。新春海上啸咏之余，有足乐者。岛中孤寂，春色所不到也。某再拜。

596 舆议：舆论。

又　儋耳

　　某启：久不上状，想察其衰疾多畏，非简慢也。新军使来，捧教字，且审比日起居佳胜，感慰兼极！某到此，数卧病，今幸少闲。久逃空谷，日就灰槁⁵⁹⁷而已！因书瞻望，又复怅然！尚冀若时自厚，区区之余意也。不宣。

597 日就灰槁：一天天无力衰老。

598 京洛：汴京与洛阳；泛指京城大都市。

599 举杯属影：举杯对孤影，意为孤独无伴。属：zhǔ，连缀、专注。

又　儋耳

　　新酿四壶，开尝如宿昔，香味醇冽，有京洛⁵⁹⁸之风，逐客何幸得此？但举杯属影⁵⁹⁹而已。海错⁶⁰⁰亦珍绝。此虽岛外，人不收此，得之又一段奇事也。眷意之厚，感怍⁶⁰¹无已！

600 海错：众多海产品，各种海味。

601 感怍，gǎnzuò，感激惭愧。

致曾子宣（一通）

答曾子宣 [602]

　　某启：辱教，伏承台候万福为慰。《塔记》非敢慢，盖供职数日，职事如麻，归即为词头 [603] 所迫，率以半夜乃息，五更复起，实未有余暇。乞限一月，所敢食言者有如河 [604]。愿公一笑而恕之。旦夕当卜一邂逅而别。

致赵德麟（一通）

与赵德麟 [605]

　　数日不接，思渴之至！冲冒风雪，起居何如？端居者知愧矣！佛陁波利 [606] 之虐，一至此耶？乃知退之 [607] 排斥，不为无理也。呵呵！酒二壶迎劳，惟加鞭！

602 曾布，字子宣，南丰人；曾巩之弟。

603 词头：朝廷命词臣撰拟诏敕时的提要；此处泛指官府文书工作。

604 有如河：俗语所说赌咒发誓；古人常指河水发誓，如"有如大江"。

605 赵令畤，字德麟，宋朝皇室，东坡好友。

606 即佛陀波利，印度僧人，唐高宗来中国，住五台山，翻译佛经为汉语。

607 唐朝韩愈，奋力抑制佛教传播，有《谏迎佛骨表》名世。

致赵晦之（二通）

答赵晦之 [608]　黄州

　　性喜写字，而怕作书，亲知书问，动盈箧笥，而终岁不答，对之太息而已。乃知剖符南徼 [609]，贤者处之，固不择远近剧易，矧风土旧谙习。而兵兴多事，适足以发明利器，但恨愚暗，何时复得攀接耳！

608 赵昶，字晦之。

609 剖符南徼：带着官府信物，到南方边陲任职。

又　黄州

　　示谕处患难不戚戚 [610]，只是愚人无心肝耳，与鹿豕木石何异！所谓道者，何曾梦见？旧收得蜀人蒲永昇 [611] 山水四轴，亦近岁名笔，其人已亡矣！聊致斋阁，不罪渎。藤 [612] 既美风土，又少诉讼，优游卒岁，又复何求？某亦甚乐此，安土忘怀，如一黄人，元不出仕而已。

610 戚戚：忧愁。

611 蒲永昇：北宋名画家，成都人，善山水。

612 藤：广西藤州。

致郑嘉会（一通）

与郑嘉会　儋耳

　　舶人回，奉状必达。比日起居佳胜，贵眷令子各安。某与过亦幸如昨。初赁官屋数间居之，既不佳，又不欲与官员相交涉。近买地起屋五间，一龟头[613]在南污池之侧，茂林之下，亦萧然可以杜门面壁少休也。但劳费贫窭耳！此中枯寂，殆非人世，然居之甚安。况诸史满前，甚可与语者也。著书则未，日与小儿编排齐整之，以须异日归之左右也。小客王介石者，有士君子之趣。起屋一行，介石躬其劳辱，甚于家隶，然无丝发之求也。顾某念之，有可以照庇之者，幸不惜也。死罪！死罪！柯仲常旧有契，因见，道区区。

致郑靖老（二通）

与郑靖老　北归

　　某启：到雷州[614]见张君俞，首获公手书累幅，欣慰之极，不可云喻！到廉[615]，廉守乃云公已离邕[616]矣。方怅然，欲求问从者所在，少

613 龟头：在原建筑之前或之后接建出来的小房子，称"龟头屋"。

614 雷州：今广东海康。

615 廉：廉州，今广东合浦。

616 邕：邕州；今广西邕宁。

通区区，忽得来教，释然。又得新诗，皆秀杰语，幸甚！幸甚！别来百罹[617]，不可胜言，置之不足道也。《志林》[618]竟未成，但草得《书传》[619]十三卷，甚赖公两借书籍检阅也。向不知公所存，又不敢带行，封作一笼，寄迈处，令访寻归纳。如未有便，且寄广州何道士处；已深嘱之，必不敢坠。某留此过中秋，或至月末乃行。至北流[620]，作竹筏下水，历容、藤[621]至梧[622]，与迈约令般家至梧相会。中子迨亦至惠矣，却雇舟泝贺江[623]而上，水陆数节，方至永[624]。老业可奈可奈！未会间，以时自重！不宣。

又

某见张君俞，乃知公中间亦为小人所捃摭[625]。令史[626]以下，固不知退之[627]《讳辩》也。而卿贰[628]等亦尔耶！进退有命，岂此辈所制？知公奇伟，必不经怀也。某须发尽白，然体力元不减旧，或不即死，圣恩汪洋，更一赦，或许归农，则带月之锄[629]，可以对秉[630]也。本意专欲归蜀，不知能遂此计否？蜀若不归，即以

617 百般忧患。罹，lí，遭受苦难或不幸，忧患苦难。

618 或为今《东坡志林》之初稿。

619 具体何书不明；或谓东坡撰之《尚书》研究。

620 今广西北流县。

621 容州、藤州：今广西容县和广西藤县。

622 梧州：今广西苍梧。

623 贺江：江名，流经广西、广东。

624 永州，今湖南零陵。

625 捃摭，jùnzhí，采取，采集；尤指搜罗材料打击别人。

626 令史：官名，自汉以下，所指不一。此处指小吏。

627 韩愈，字退之。

628 次于卿相的大官。

629 陶渊明诗《归园田居》："晨兴理荒秽，带月荷锄归。"

630 秉：持。对秉，此指同归田园，务农为生。

631 朱邑：汉朝大臣，官至大司农。曾为桐乡令，葬于桐乡。

632《金刚经》："如露亦如电。"指人生苦短。

杭州为佳。朱邑[631]有言："子孙奉祠我，不如桐乡之民。"不肖亦云。然外物不可必，当更临事随宜，但不即死，归田可必也，公欲相从于溪山间，想是真诚之愿。水到渠成，亦不须预虑也。此生真同露电[632]，岂适把玩耶？某顿首。

致朱康叔（四通）

与朱康叔[633]　黄州

633 朱寿昌，字康叔。

634 掾：佐吏。

635 起居佳胜：书札问候语，意为祝生活安好，一切顺利。

636 家眷。

637 洪州：今江西南昌。

638 临皋亭：在黄州。

某再拜。近奉书，并舍弟书，想必达。胡掾[634]至，领手教，具审起居佳胜[635]。兼承以舍弟及贱累[636]至，特有厚贶，羊面酒果，一捧领讫，但有惭怍。舍弟离此数日，来教寻付洪州[637]递与之。已迁居江上临皋亭[638]，甚清旷。风晨月夕，杖履野步，酌江水饮之，皆公恩庇之余波，想味风义，以慰孤寂。寻得去年六月所写诗一轴，寄去以为一笑。酷暑，万乞保练！

又　黄州

　　某启：酷暑不可过，百事堕废，稍疏上问，想不深讶。比日伏想尊履佳胜。别乘过郡，承赐教及惠新酒，到此如新出瓮，极为珍奇，感愧不可言。因与二三佳士会饮，同感德也。秋热，更望保练，行膺[639]峻陟[640]。

639 膺：心胸；抱有。

640 峻陟：高升。

又　黄州

　　阁名久思未获佳者，更乞详阁之所向及侧近故事、故迹为幸。董义夫[641]相聚多日，甚欢，未尝一日不谈公美也。旧好诵陶潜《归去来》，尝患其不入音律，近辙微加增损，作《般涉调·哨遍》[642]，虽微改其词，而不改其意，请以《文选》及本传考之，方知字字皆非创入[643]也。谨作小楷一本寄上，却求为书，抛砖[644]之谓也。亦请录一本与元弼，为病倦，不及别作书也。数日前饮，醉后作顽石乱篆一纸，私甚惜之。念公笃好，故以奉献，幸检至。

641 董钺，字义夫，曾至黄州访东坡。

642 般涉调：宫调名；哨遍，曲牌名。

643 创入：自作掺入。

644 抛砖引玉，自谦语。

又　黄州

645 堕简：客套语，来
信，赐信。

646 不谙土风：水土不
服。

　　某启：武昌传到手教，继辱专使堕简[645]，感服并深。比日尊体佳胜。节物清和，江山秀美，府事整办，日有胜游，恨不得陪从耳！双壶珍贶，一洗旅愁，甚幸甚幸！佳果收藏有法，可爱可爱！拙疾，乍到不谙土风[646]所致，今已复常矣。子由尚未到，真寸步千里也！未由展奉，尚冀以时自重。

致周开祖（三通）

答周开祖　密州

647 奉圣旨。

648 河中府：山西永济
县。

649 陈圣俞，字令举；
东坡友人。

　　递中辱书教累幅，如接笑语。即日远想起居佳胜。某此无恙，已被旨[647]移河中府[648]，候替人，十二月上旬中行，相去益远矣。往日相从湖山之景，何缘复有？别后百事纷纷，皆不足道。惟令举[649]逝去，令人不复有意于兹世。细思此公所以不寿者而不可得，不免为之出涕！读所示祭文，纪述略尽其美，甚善！其家能入石否？亦欲作一首哀辞，未暇也。当作寄去。开祖笔力颇长，魏武[650]所谓"老而能学，惟予与袁伯业[651]"，真难得也。寄示山图，欲寻善本而不可得者。新诗清绝，辄和两首，取笑。《浩然亭》续和寄去。今日大雪，与客饮于玉山堂，适遣人往舍弟处，遂作此书。手冷，殊不成字，惟冀自重而已。

650 魏武帝曹操。

651 袁遗，字伯业，东汉末著名文士。语出曹丕《典论·论文》。

与周开祖　去杭

某忝命皆出奖借。寻自杭至吴兴，见公择[652]，而元素、子野、孝叔、令举[653]皆在湖，燕集甚盛，深以开祖不在坐为恨。别后，每到佳山水处，未尝不怀想谈笑。出京北去，风俗既椎鲁[654]，而游从诗酒如开祖者，岂可复得？乃知向者之乐不可得而继也。令举特来钱塘相别，遂见送至湖。久在吴中，别去真作数日恶[655]。然诗人不在，大家省得三五十首唱酬[656]，亦非细事。

652 李常，字公择。

653 杨绘，字元素；张先，字子野；刘述，字孝叔；陈舜俞，字令举。皆东坡友人。

654 椎鲁，chuílǔ，愚钝，粗鲁。

655 恶：心情不佳。

656 唱酬：诗文交流，唱和酬答。

答周开祖　湖州

　　长篇奇妙。无状，每蒙存录如此之厚，但赐多而报寡，故人知其惭拙，必不罪也。今辄和一首，少谢不敏，且资一笑。惠及海味，珍感。来人遽还，未有以报，但愧怍无穷！到郡不见令举，此恨何极！尝奠其殡，不觉一恸。有刻石，必见之，更不录呈。有干，一一示及。李无悔近见访，留此旬余，亦许秋凉再过也。

致周文之（二通）

与循守周文之　惠州

657 广东增城。

658 练家紫：荔枝名品种。

　　近日屡获教音，及林增城[657]至，又得闻动止之详，并深感慰。桃、荔、米酒诸信皆达矣，荷佩厚眷，难以尽喻！今岁荔子不熟，土产早者，既酸且少，而增城晚者不至，方有空寓岭表之叹。忽信使至，坐有五客，人食百枚，饱外又以归遗。皆云其香如练家紫[658]，但差小耳。二广未尝有此，异哉！又使人健行，八百枚无一损者，此尤异也。林令奇士，幸此少留，公

所与 [659] 者，故自不凡也。蒸暑 [660] 异常，万万以时珍啬 [661]。

659 与：结交。

660 天气大热如蒸。

661 珍惜。

又　惠州

近蒙寄示画图及新堂面势，仍求榜名。岭南无大寒甚暑，秋冬之交，勾萌 [662] 盗发 [663]，春夏之际，柯叶潜改；四时之运，默化而人不知。民居其间，衣食之奉，终岁一律，寡求而易安，有足乐者。若吏治不烦，即其所安而与之俱化，岂非牧养 [664] 之妙手乎？文之治循，已用此道，故以"默化"名此堂。如何？可用，便请题榜也。

662 勾萌：草木萌发；古人以弯曲者为勾，直者为萌。

663 盗发：不知不觉地生发。

664 牧养：放牧养育。古指治理民众。

致子安（苏子安）（二通）

与子安 [665] 兄

每闻乡人言，四九、五九两侄，为学勤谨，事举业尤有功，审如此，吾兄不亡矣！惟深念负荷之重，益自修饬，乃是颜、闵 [666] 之孝，贤于毁顿 [667] 远矣！此间五郎、六郎乍失母，毁

665 苏子安，东坡堂兄。

666 颜回、闵子骞，孔子二大弟子，闵子尤以孝著称。

667 毁顿：因过于哀痛而身体垮掉。

痛难堪，亦以此戒之矣！吾兄清贫，遭此固不易处。某亦为一年两丧，困于医药殡敛，未有以相助，且只令杨济甫送二千为一奠，余俟少暇也。

与子安兄 黄州

近于城中得荒地十数亩，躬耕其中，作草屋数间，谓之东坡雪堂，种蔬接果，聊以忘老。有一大曲，寄呈为一笑。为书角大，远路恐被拆，更不作四小哥、二哥及诸亲知书，各为致下恳。巢三见在东坡安下，依旧似虎，风节愈坚。师授某两小儿极严。常亲自煮猪头，灌血腈，作姜豉菜羹，宛有太安滋味。此书到日，相次岁猪鸣矣。老兄嫂团坐火炉头，环列儿女，坟墓咫尺，亲眷满目，便是人间第一等好事，更何所羡？可转此纸呈子明也。近购获先伯父亲写《谢蒋希鲁及第启》一通，躬亲标背题跋，寄与念二，令寄还二哥，因书问取。

致子由（苏辙）（一通）

与子由　真州

　　子由弟：得黄师是遣人赍来四月二十二日书，喜知近日安胜[668]。兄在真州，与一家亦健。行计南北，凡几变矣。遭值如此，可叹！可笑！兄已决计从弟之言，同居颍昌，行有日矣。适值程德孺过金山，往会之，并一二亲故皆在坐。颇闻北方事，有决不可往颍昌近地居者。（自注：事皆可信。人所报大抵相忌安排攻击者，北行渐近，决不静尔。）今已决计居常州，借得一孙家宅，极佳。浙人相喜，决不失所也。更留真十数日，便渡江往常。逾年行役，且此休息。恨不得老境兄弟相聚，此天也，吾其如天何！亦不知天果于兄弟终不相聚乎？士君子作事，但只于省力处行，此行不遂相聚，非本意，甚省力避害也。候到定叠[669]一两月，方遣迈去注官[670]，迨去般家[671]，过则不离左右也。葬地，弟请一面果决。八郎妇可用，吾无不用也。更破十缗[672]买地，何如留作葬事？千万莫徇俗[673]也。林子中病伤寒十余日便卒，所获几何，遗恨无穷，哀哉！兄万一有稍起之

668 **安胜**：平安，安好。

669 **定叠**：安定。

670 **注官**：报官注册。

671 **般家**：搬家。

672 **缗**：穿钱的绳子；引申为钱，亦为货币单位。

673 **徇俗**：顺随时俗。

674 苏迟，苏过，东坡两个儿子。

命，便具所苦疾状力辞之，与迟、过⁶⁷⁴闭户治田，养性而已。千万勿相念！今托师是致此书。

无具体名字者

致知县（一通）

与知县

675 蔚然：草木茂密；此处意为人精神焕发。

儿子遂获托庇，知幸。鲁钝多不及事，惟痛与督励也。切祝！切祝！晋卿相见殿门外，惘然如梦中人也。人世何者非梦耶？亦不足多谈，但喜其容貌蔚然⁶⁷⁵如故；非有过人，能如是耶？

致上官（二通）

答上官长官　黄州

专人至，辱书及诗文二册，捧领惊喜，莫知所从。得伏观书词，博雅纯健，有味其言；次观古、律诗，用思深妙，有意于古作者；卒

读《庄子论》，笔势浩然，所寄深矣，非浅学
所能到！自惟无状，罪戾汩没，不缘半面，获
此三贶，幸甚！幸甚！老谬荒废，不近笔砚，
忽已数年，顾视索然，无以为报，但藏之巾笥，
永以为好而已！适病中，人还，草率。

又　黄州

　　诗篇多写洞庭君山[676]景物，读之超然神驰
于彼矣。见教作诗，既才思拙陋，又多难畏人，
不作一字者已三年矣！所居临大江，望武昌诸
山如咫尺，时复叶舟纵游其间，风雨云月，阴
晴早暮，态状千万，恨无一语略写其仿佛耳！
会面末由，惟万万以时珍重！何时美解，当一
过我耶？

676 洞庭湖中有君山，
风景称胜。

致与人（二通）

与人　黄州

　　示谕《燕子楼记》[677]。某于公契义如此，岂复有所惜？况得托附老兄，与此胜境，岂非不肖之幸？但困踬[678]之甚，出口落笔，为见憎者所笺注[679]。儿子自京师归，言之详矣，意谓不如牢闭口，莫把笔，庶几免矣！虽托云向前所作，好事者岂论前后？即异日稍出灾厄，不甚为人所憎，当为公作耳。千万哀察！

与人　北归

　　某日望归蜀耳！终当过岐、雍[680]间，徜徉少留，以偿宿昔之意。君自名臣子，才美渐著[681]，岂复久浮沉里中？宜及今为乐。异时一为世故[682]所縻[683]，求此闲适，岂可复得耶？偶记旧与彭年一诗，读之盖泪下也。斯人有才而病废，故常多感慨，可念！可念！聊复录此奉呈，想亦为之惘然也！

677 燕子楼：在徐州，为唐朝节度使张建封为爱妾盼盼所建。东坡守徐州，作《永遇乐·彭城夜宿燕子楼》词名世。

678 困踬：困顿，不顺利。

679 笺注：此指穿凿附会，妄加解说。

680 岐州、雍州，泛指当时陕西、甘肃一带。

681 著：显明。

682 世故：世俗人情，种种事务。

683 縻：牵绊。

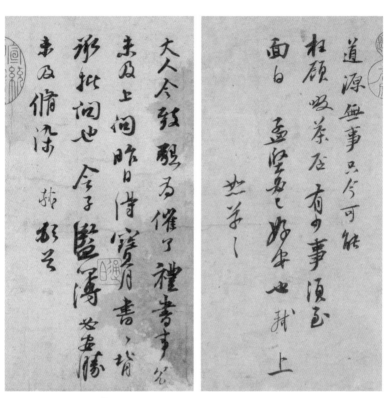

道源無事只今可能
枉顧啜茶否　有少事須至
面白　孟堅必已好安也軾上

此茶

大人令致懇為催了禮書事畢
未及上問昨日侍宴尚書丞
郎批判也　令子醫博
亦甚開事因俯及

宝月

北宋　苏轼　宝月啜茶二帖

北宋 苏轼 廷平郭君帖

朝衙達午夕坐過酉曾杯酒之不

設攬草木以誑口對案嚼嚙

箸噎嘔者陰將軍誤夯飯與

蔾菜并丹推去而不顧惟先生

之春芸彼山之無有先生听然而

笑曰人生一世如屈伸肘何者為

貧何者為富何者為美何者為

惡糠覈而飽肥或梁肉而墨瘦

何侯方丈庾郎三九較豐約於

夢寐卒同歸作一杉吾方以杞

為糧以菊為糗春食苗夏食葉

秋食華實而冬食根庶幾乎

西河南陽之壽

北宋　苏轼　后杞菊赋

後杞菊賦 并序

天隨生自言常食杞菊及夏五月

枝葉老硬氣味苦澀猶食之不已

因作賦以自廣予嘗疑之以為士

不遇窮約可也夫至於飢餓嚼囓

草木則過矣而予仕宦十有九

年家日益貧衣食之奉殆不如

昔者及移守膠西意且一飽而

齋厨索然不堪其憂日與通

守劉君廷式循古城廢圃求

杞菊食之捫腹而笑然後知天隨

之言可信不繆作後杞菊賦以自

頗且譯之二

軾啟辱

書承

法體安隱甚慰

軾念北游五年塵垢所蒙

比来尤不知

林下高人猶復不忘耶書曲

盡見万`

自重不宣

軾頓首

霊芝尤上人

五月廿二

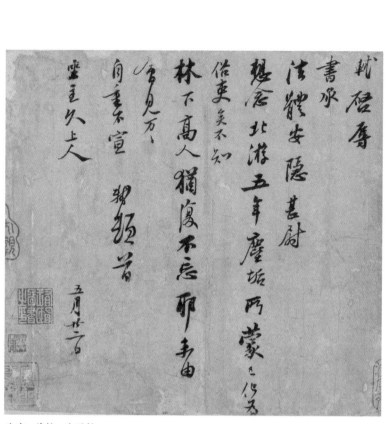

北宋 苏轼 北游帖

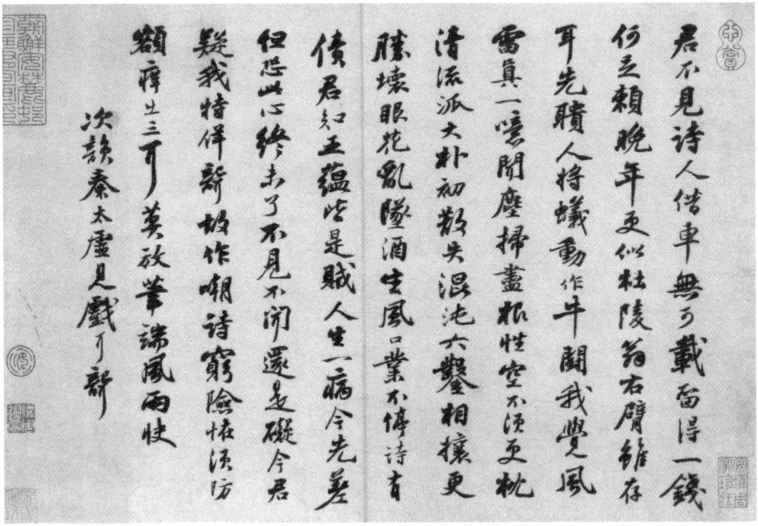

君不见诗人借车无一载畜得一钱

何乃赖晚年更似杜陵翁右臂虽存

耳先聩人将蚁动作牛闻我觉风

雷真一噫閒尘扫尽粗性空不须更枕

清流派大朴初散夬混沌六凿相攘更

朦坏眼花乱坠酒生风口业不惊诗言

债君知此蕴陋是贼人生一病今先差

但恐此心终老了不见不闻还是碌今君

�我特伴辞格作嘲诗窘险怕决防

额障生三丁莫放笔端风雨快

次韵秦太虚见戏耳聋诗

北宋　苏轼　次韵秦太虚见戏耳聋诗帖

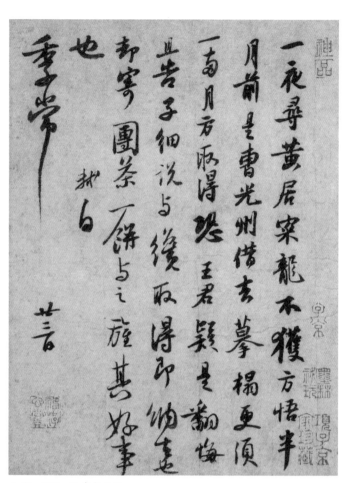

一夜尋黃居寀龍不獲方悟半

月前是曹光州借去摹榻更須

一兩月方取得恐王君疑是翰墨

且告子細說与纔取得即納去

郵寄團茶一餅与之旋且其好事

也

季常

軾白

北宋 苏轼 致季常尺牍

北宋　苏轼　覆盆子帖

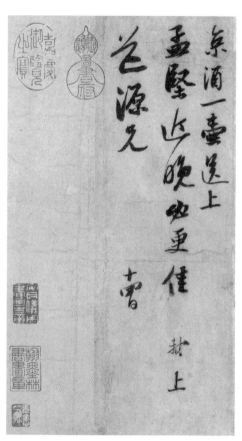

北宋　苏轼　京酒帖

故三司副使吏部陳公

軾不及見其人然少時兩

識一時名卿勝士多推

尊之尒來前輩凋喪

略盡能稱誦

公者漸不復見得其

理言遺事皆當記錄

寶藏況其文章乎

公之孫師仲錄

公之詩廿五篇以示軾三

復太息以想見

公之大略云元豐四年十

一月廿二日眉陽蘇軾書

北宋　苏轼　跋吏部陈公诗帖

北宋　苏轼　新岁展庆帖

軾啟人來得
書不意
伯誠遽至於此哀愕不已
宏才令德百未一報而止於是耶
季常先於弟第處
伯誠尤相知照遽聞之無復生意矣不
上念
門戶付憑之重下思　三子皆未成立伏
情理至不自知返則朋友之愛蓋亦不可量
伏惟深照死生聚散之常理悟愛戀
之無益釋然自勉以就
遠業兄軾
受照之厚故哀不諱之言必深察也本欲
便徑而隨又恐悲戀中懷更擾亂亦不
不皇惟萬萬
實懷毋忽都言也不一　軾再拜
知廿九日舉挂不能哭甚
酹之荼毗千萬節哀　酒一揖告為一
酹之荼毗

北宋　蘇軾　人來得書帖

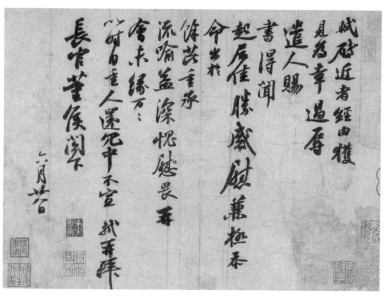

北宋　苏轼　获见帖

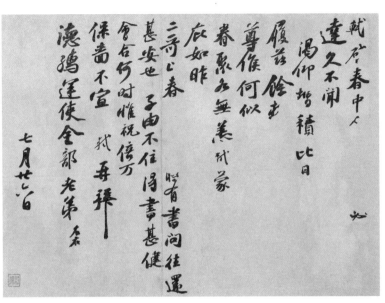

轼启 春中人

达久不闻

渴仰增积 比日

顾动余杪

尊候何似

眷聚各无恙 轼蒙

庇如昨

二哥已春

甚安也 子由不住 得书甚健

会合何时惟祝 俟万

保啬不宜 轼 再拜

德孺运使金部 老弟 座右

时有书问往还

七月廿七日

北宋　苏轼　春中帖

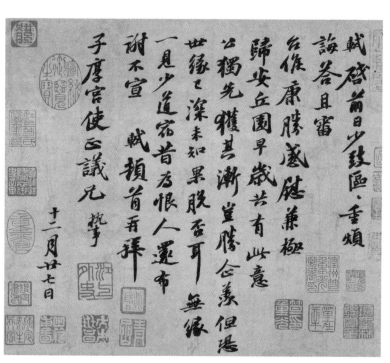

北宋　苏轼　归安丘园帖

晋卿为仆所累，仆既谪齐安，晋卿亦贬武当。饥寒穷困本书生常分，仆处之不戚戚，固宜。独怪晋卿以贵公子罹此忧患而不失其正，诗词益工，超然有世外之乐，此孔子所谓可与久处约长处乐者邪。元祐元年九月八日苏轼书

北宋　苏轼　题王诜诗帖

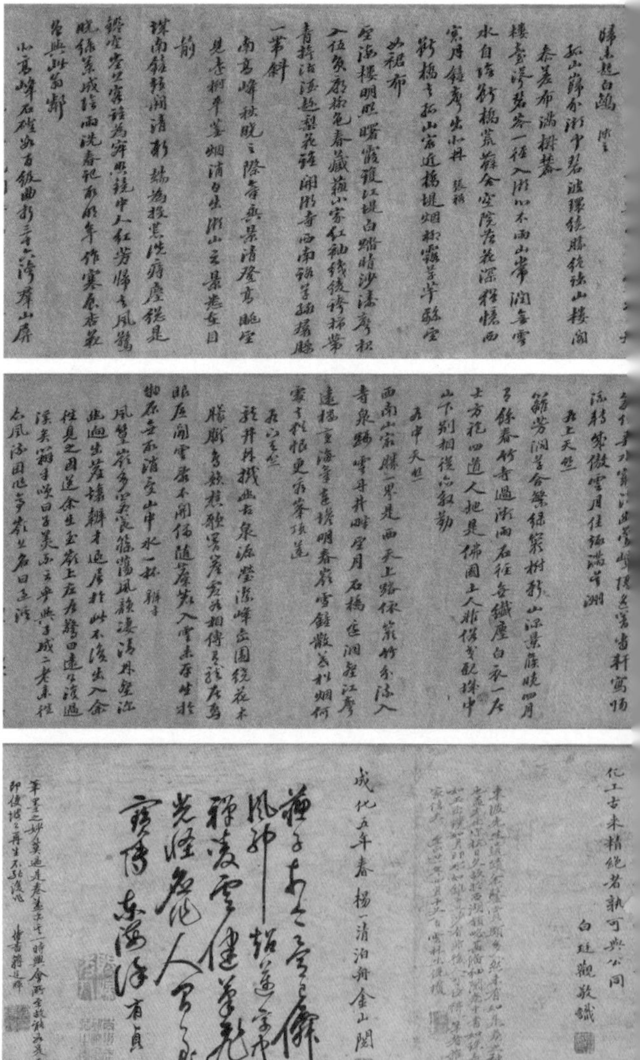

北宋　苏轼　西湖诗卷

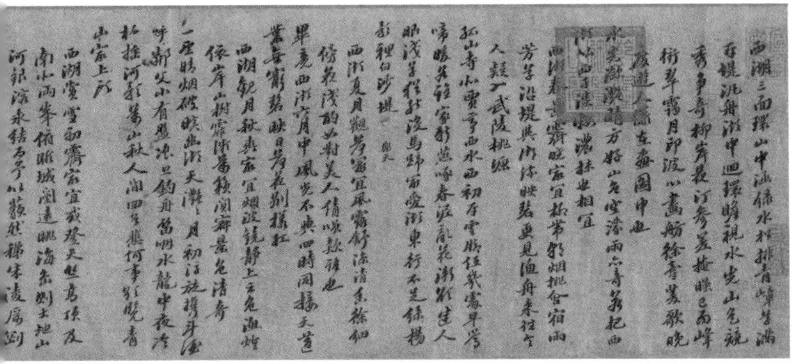

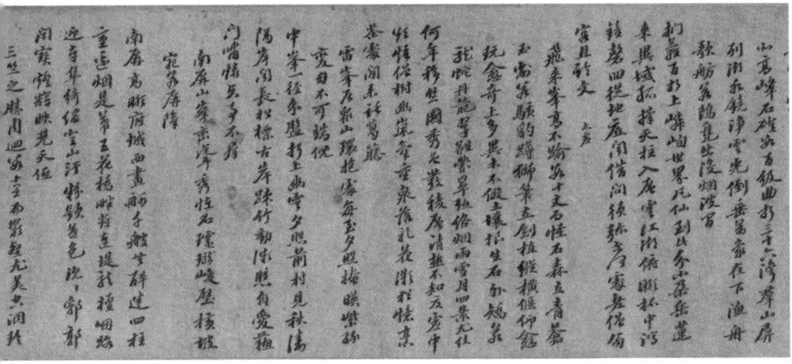

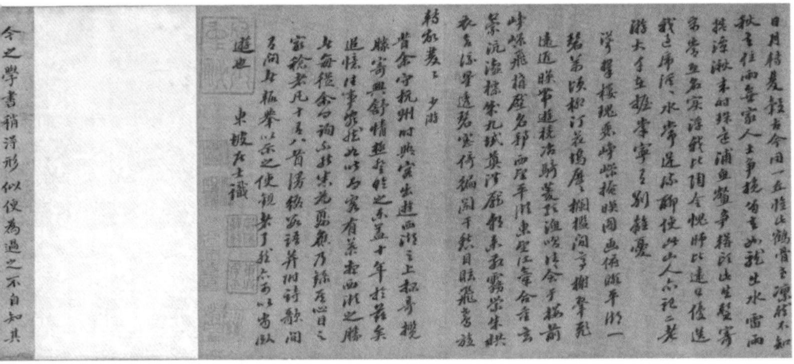
今之學書稍得形似便為過之不自知其

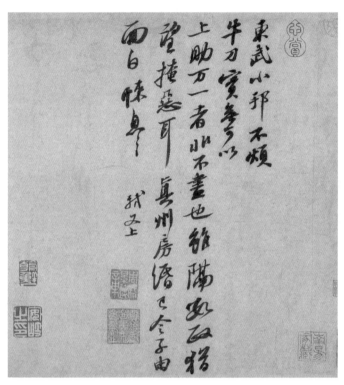

北宋　苏轼　东武帖

北宋　苏轼　尊丈帖

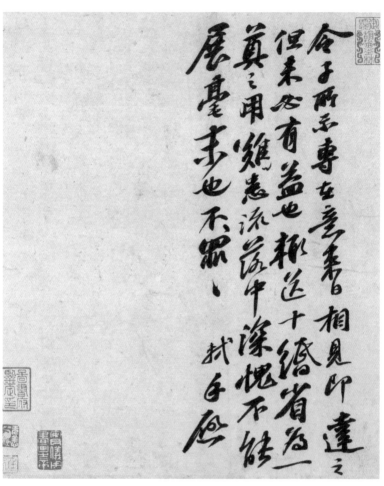

北宋　苏轼　令子帖

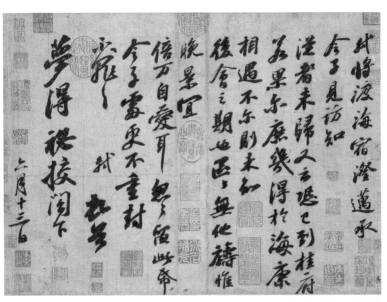

北宋　苏轼　渡海帖

欧阳文忠公言文章如精金美
玉市有定价非人所能以口舌贵
贱也纷纷多言岂能有益于
左右愧悚不已
所须惠力法雨堂字轼本不善
作大字强作终不佳又非题榜局迫
难写未能如
教然轼方过临江当往游庐或
僧有所欲记录当为作数句留
院中慰
左右念
亲之意今日已至峡山寺少留即
去愈远惟万万
以时自爱不宣　轼顿首再拜
民师帐句推官阁下
十月廿六日

北宋　苏轼　答谢民师帖卷

轼曰　是文之意疑若不然求物之

妙如係風捕景能使是物了然

於心者盖千万人而不一遇也而況能

使了然於口与手者乎是之謂詞

達詞至於能達則文不可勝用

矣揚雄好為艱深之詞以文淺

易之說若正言之則人人知之此正

所謂琱蟲篆刻者其太玄法言

皆是物也而獨悔於賦何哉終

身琱蟲而獨變其音節便謂

之赋可乎屈原作離騷経盖風

雅之再變者雖与日月争光可也

可以其似賦而謂之琱蟲乎使賈

誼見孔子升堂有餘矣而乃以

賦鄙之至与司馬相如同科雄

欧陽文忠公言文章如精金美
玉市有定價非人所能以口舌貴
賤也縱使至言妙論有益於
左右愧悚不已
所須惠力法雨堂字軾本不善
作大字強作終不佳又舟中局迫
難寫未能如
教然則方過臨江當往遊焉
僧有所欲記錄當為作數句留
院中慧
左右念
顒顒之意今日已泊峽山寺少留即
尋徑道惟萬
以時自愛不宣　　軾頓首再拜
民師帳句推官閣下
十一月　日

北宋　蘇軾　東坡與民師書

我不 是文之意疑若不然求物之
妙如係風捕景能使是物了然
於心者蓋千万人而不一遇也而況能
使了然於口與手者乎是之謂詞
達詞至於能達則文不可勝用
矣揚雄好為艱深之詞以文淺
易之說若正言之則人人知之此正
所謂雕蟲篆刻者其太玄法言
皆是物也而獨悔於賦何哉終
身雕蟲而獨變其音節便謂
之經可乎屈原作離騷經蓋風
雅之再變者雖與日月爭光可也
可以其似賦而謂之雕蟲乎使賈
誼見孔子升堂有餘矣而乃以

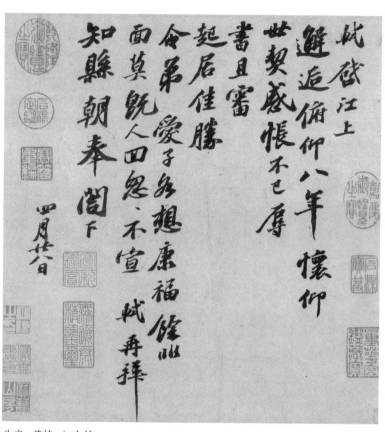

北宋　苏轼　江上帖

图书在版编目（CIP）数据

东坡尺牍 / （宋）苏轼著；孙善春校注. -- 杭州：
中国美术学院出版社，2024.4
ISBN 978-7-5503-3315-4

Ⅰ. ①东… Ⅱ. ①苏… ②孙… Ⅲ. ①苏轼（1036-
1101）－书信集 Ⅳ. ①K825.6

中国国家版本馆CIP数据核字(2024)第077459号

书名集字：苏　轼
责任编辑：章腊梅
执行编辑：金晓昕
书籍设计：赵　娜
责任校对：杨轩飞
责任印制：张荣胜

东坡尺牍

［宋］苏　轼　著　　孙善春　校注

出 品 人：祝平凡
出版发行：中国美术学院出版社
地　　址：中国·杭州南山路218号／邮政编码：310002
网　　址：http://www.caapress.com
经　　销：全国新华书店
制　　版：杭州九溪文化传播有限公司
印　　刷：浙江海虹彩色印务有限公司
版　　次：2024年4月第1版
印　　次：2024年4月第1次印刷
印　　张：5.375
开　　本：787mm×1092mm　1/32
字　　数：130千
书　　号：ISBN 978-7-5503-3315-4
定　　价：55.00元